国家智库报告 2019（12）
National Think Tank

经　济

去杠杆条件下的投融资政策协调

张跃文　徐枫　姚云　著

COORDINATION OF INVESTMENT AND FINANCING POLICIES
UNDER DELEVERAGING CONDITIONS

中国社会科学出版社

图书在版编目(CIP)数据

去杠杆条件下的投融资政策协调 / 张跃文等著 . —北京：中国社会科学出版社，2019.7（2019.12 重印）
（国家智库报告）
ISBN 978 - 7 - 5203 - 4767 - 9

Ⅰ. ①去… Ⅱ. ①张… Ⅲ. ①投资政策—研究报告—中国 ②融资政策—研究报告—中国 Ⅳ. ①F832

中国版本图书馆 CIP 数据核字（2019）第 154485 号

出 版 人	赵剑英
项目统筹	王 茵
责任编辑	喻 苗
责任校对	朱妍洁
责任印制	李寡寡

出　　版	中国社会科学出版社
社　　址	北京鼓楼西大街甲 158 号
邮　　编	100720
网　　址	http://www.csspw.cn
发 行 部	010 - 84083685
门 市 部	010 - 84029450
经　　销	新华书店及其他书店
印刷装订	北京君升印刷有限公司
版　　次	2019 年 7 月第 1 版
印　　次	2019 年 12 月第 2 次印刷
开　　本	787×1092　1/16
印　　张	7.5
插　　页	2
字　　数	80 千字
定　　价	39.00 元

凡购买中国社会科学出版社图书，如有质量问题请与本社营销中心联系调换
电话：010 - 84083683
版权所有　侵权必究

摘要：报告研究了中国在经济去杠杆条件下，如何更好协调投资政策和融资政策的问题。报告分析了国内企业部门和金融部门杠杆率的变化和成因，对当前的去杠杆政策和促进投融资便利化政策进行综合评价，并以中西部地区为例分析现有政策对于改善地方投融资环境的作用。报告的主要结论是：在未来一个比较长的时期，去杠杆仍然是中国供给侧结构性改革的一项主要任务，为加快经济转型需要努力保持去杠杆与稳投资的紧平衡关系；在政策措施上要更多依靠结构性政策而非总量政策协调实体经济中的投融资活动。

关键词：去杠杆、投融资

Abstract: This report studies how to coordinate investment policies and financing policies better under the condition of economic deleveraging in China. It analyzed the changes and causes of the leverage ratio in domestic enterprises and financial sectors, and made a comprehensive evaluation of the current deleveraging policies and policies to facilitate investment and financing. It also took the central and western regions of China as an example to analyze the role of existing policies in improving the local investment and financing environment. The conclusion shows as follows: in a relatively long period in the future, deleveraging is still one of the major tasks of China's supply-side structural reform. In order to accelerate economic transformation, it is necessary to maintain a tight balance between deleveraging and stabilizing investment. In terms of policy measures, we should rely more on structural policies than aggregate policies to coordinate investment and financing activities in real economy.

Key Words: Deleverage, Investing and Financing

目　　录

第一章　经济去杠杆与稳投资的关系 …………（1）

一　影响企业投资的融资约束问题 …………（2）

二　去杠杆与稳投资的紧平衡 …………（7）

三　投融资政策的协调 …………（15）

四　2019年投资形势及政策建议 …………（26）

第二章　经济去杠杆与投融资形势 …………（36）

一　中国企业杠杆率的演变、调整与优化 …（36）

二　金融去杠杆的缘起、进展与未来 ………（44）

三　供给侧结构性改革进展的初步评估 ……（55）

四　强监管环境下的投融资形势 …………（67）

第三章　中西部地区的投融资困境与对策……（79）
　　一　当前中西部地区投融资面临的挑战……（80）
　　二　影响地方投融资的因素分析……（96）
　　三　缓解中西部地区融资困境的举措……（101）

参考文献……（108）

第一章 经济去杠杆与稳投资的关系

2015年以来，为防范化解重大金融风险，推动经济健康、可持续和高质量发展，党中央、国务院下决心主动降低宏观经济杠杆率，并将去杠杆列为供给侧结构性改革的五大任务之一。国务院出台了《关于积极稳妥降低企业杠杆率的意见》，国家发改委、财政部和国资委等相关部门陆续出台配套文件指导国有企业和地方政府逐步降低杠杆率。几年来，通过强化企业预算约束、加快兼并重组、盘活存量资产和推动市场化债转股等措施，宏观杠杆率快速上涨势头得到有效遏制，企业部门总体杠杆率开始下降，去杠杆取得初步成效。与此同时，中国稳住了宏观经济，这是尤其难能可贵的。当然，控制企业债务规模不可避免地会对企业生产经营特别是投资活动产生一定负面影响，近年来中国制造业投资增速明显下降与此不无关系。

这些负面影响如果不能很好地得到控制，有可能会阻碍中国经济转型发展进程。本章通过分析企业投融资活动的内在机理，研究如何保持当前去杠杆与稳投资的紧平衡关系，最后对促进投融资政策的协调提出建议。

一 影响企业投资的融资约束问题

在自由市场经济中，投资由企业自主决策，对企业投资最大的正向激励是投资收益。Hall 和 Jorgenson（1967）的开创性研究证明，当投资的边际收益大于资金成本时，为获得正收益企业会持续进行投资；在边际收益等于边际成本的时候，企业会逐步减少投资直至停止投资。影响企业投资收益的因素是多种多样的。微观上，企业生产效率、选择和管理投资项目的能力以及项目自身的风险因素，会影响到投资收益；而企业自身信誉、经营状况和财务状况又会影响到筹资成本。对于高素质企业而言，影响投资的大部分微观因素都是自主可控的，而对于不可控的宏观因素，则需要更多地依赖周期管理、宏观经济政策调节和不断深化改革消除体制弊病。

更具有政策意义的是影响企业投资的外部因素。世界银行（2017）对 2008 年金融危机之后全球新兴市场国家和发展中国家投资回落现象进行实证研究，发现经济增速放缓、FDI（外商直接投资）减少、政治不稳定和私人部门债务增长等宏观因素是制约企业投资增长的主要因素。而对于中国企业投资的放缓，世界银行则认为：国有企业投资增速下降主要受到去杠杆政策制约，国有企业无法大幅度增加投资；民营企业出现投资回报下行（特别是制造业）、企业预期不够乐观和资金成本上升等情况，加之行业进入壁垒和融资约束等政策性因素，投资活动也受到限制。从世界银行的分析来看，融资约束已经成为现阶段影响中国企业进一步扩大投资的主要原因。企业融资可以分为内源融资和外源融资，内源融资主要是企业依靠积累利润和减少现金分红等多种手段积累的自有资金；外源融资则是企业到资本市场融入的外部资金。随着行业竞争加剧和项目投资规模持续扩大，内源融资已经很难满足企业投资需求，企业对外源融资的依赖程度不断提高。由于天然的信息不对称问题和资本市场的不完善性，企业往往会不同程度地遇到融资约束（Stiglitz and Weiss, 1981；Myers and Majluf, 1984）。Fazzri 等（1988）将融资约束解释为不完善的资本市场导致企业外源融资成本过高，从而使得企业投资偏离最优水平的状况。因此，理论上融资约束并非是指绝对性的融资难和融资贵，而是指内外部因素导致的融资成本高过自然融资成本，进而抑制了企业投资。至于中国企业的融资约束成因，除金融市场因素之外，国内学者的实证研究还发现中国企业的融资约束更多地受到产权性质、企业规模、产品市场竞争等非金融市场因素的影响。

理论界的研究和大量实地调研资料证明，中国企业的融资约束具有鲜明的产权特征，这与成熟市场实践有较大差异。国有企业和上市公司的融资约束相对较小，民营企业融资约束相对较大。其成因是多方面的：首先，以国有银行为主导的金融机构体系，乃至随后发展起来的资本市场体系，其设立初衷就是为国有经济服务的，秉承这一初衷，中国的金融体系在基础制度和操作层面都对国有企业形成了一定的倾向性；其次，国有企业和国有金融机构同属国家，国有企业不仅拥有潜在的政府担保，而且即使出现违约也较容易在国有经济体制内部找到解决方案，企业破产风险小，对金融机构和从业人员的外部压力小；再次，上市公司拥有更加丰富的融资渠道，违约概率较低，融资成本低，出于商业考虑金融机构更愿意为上市公司提供融资服务；最后，民营企业尽管对于经济增长的贡献不断增加，投资主体地位持续增强，但主要出于意识形态和其他非商业性原因，民营企业遇到的融资约束往往强于国有企业和上市公司。在货币供应相对宽松时期，融资约束体现为资金成本差异，民营企业借款利率往往要高于国有企业和上市公司。在货币供应偏紧时期，融资约束则主要体现为资金可得性差异。此时各类型企业都会遇到资金成本上升，但同等条件下国有企业和上市公司往往更容易获得资金支持。近年来，为配合去杠杆政策，中国货币政策有所收紧，企业资金普遍紧张，融资难度增大。其中部分融资约束较大的民营企业出现了债务违约。以债券市场为例，民营企业发行的债券违约数量及在违约债券中所占比重出现了快速上升的趋势。2018年中国债券市场违约债券达到174只，其中民营企业发行的债券为149只，国有企业发行的债券为19只，上市公司发行的债券仅

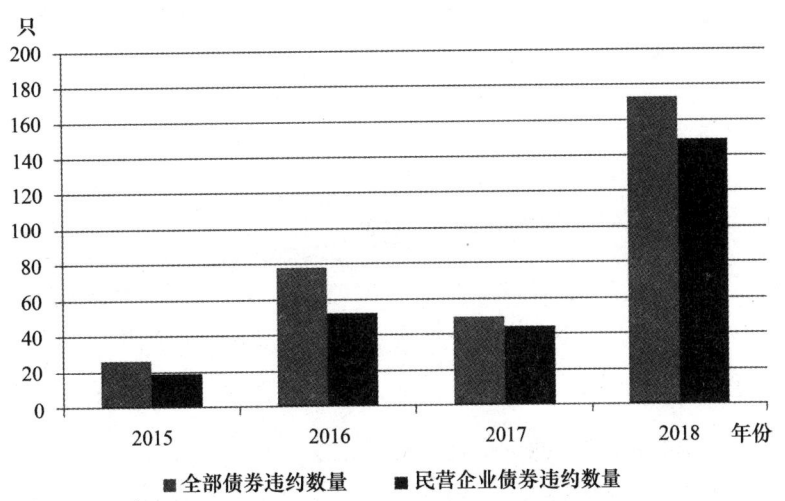

图1-1 民营企业发行债券违约情况

数据来源：WIND。

为6只且为同一公司发行。显然，仅仅用预算软约束、财务制度不健全和过度投资等经营性因素对此现象进行解释的说服力是不够的，必须正视民营企业天然存在的融资约束问题。

应当承认，民营企业的融资约束在经济高增长时期并没有过多影响到企业投资能力。2005—2015年的10年间，中国民间固定资产投资增长速度始终快于全社会固定资产投资增速。民间投资在全部投资中的比重持续上升，最高达到65%，目前仍然保持在60%以上。但随着中国经济进入新常态，相当一部分民营企业遇到市场需求不旺、产能过剩和库存产品积压等问题，企业盈利能力下降，融资难度增加，投资项目回

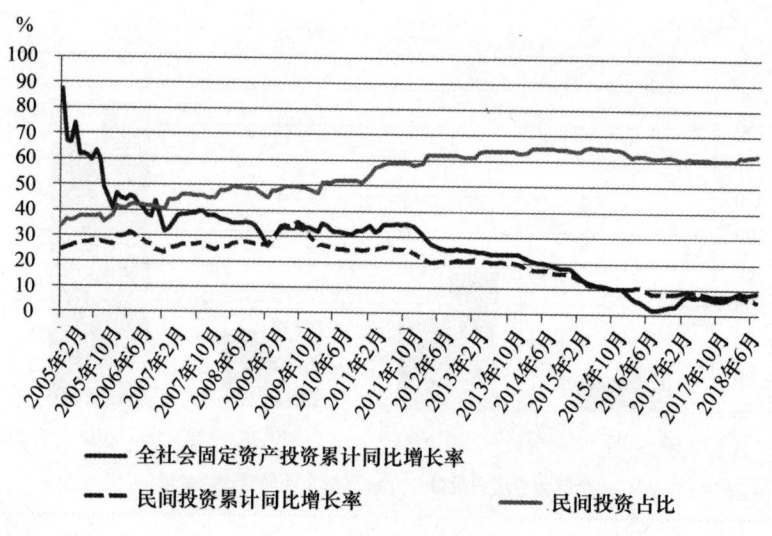

图1-2 民间投资增长趋势

数据来源：国家统计局。

报率下降,企业持续投资能力明显减弱。2016年年初,民营企业投资增速一路下滑,最低仅达到2.11%,大幅落后于整体投资增速。2018年形势有所变化,但总体上仍不乐观,其中制造业投资持续低迷且落后于经济增速,一定程度上削弱了经济增长后劲,降低了潜在经济增长率,这种现象尤其令人担忧。

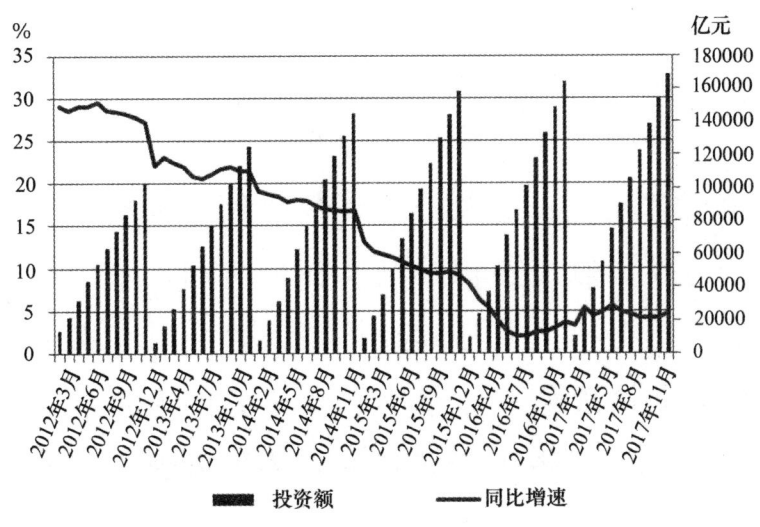

图1-3 民营企业的制造业投资情况

数据来源:国家统计局。

二 去杠杆与稳投资的紧平衡

中国经济主动去杠杆开展以来,已经取得了明显成果,企业部门债务率迅速上升的势头得到有效遏制,去杠杆的重点领域和路径更加明晰,重大债务风险正在得到控制。与此同时，去杠杆进一步加剧了企业特别是民营企业的融资约束，制造业有效投资仍在低位徘徊，企业研发投入增长相对缓慢，一定程度上拖累了产业结构升级步伐。当前需要抓住去杠杆与稳投资的结构性特征，综合施策妥善处理好二者的紧平衡关系。

国内外大量理论研究和实践表明，企业债务规模和对外投资规模呈正相关关系。对外投资增加，会导致相应债务增长；而如果债务规模受控，则企业可投资资金也会缩减。在经济增速放缓期，去杠杆将明显影响企业投资能力和积极性。在传统的宏观经济理论中，需求不振、去杠杆和经济萧条存在共生关系，属于经济周期性现象。但基于总量研究的宏观经济理论无法解决新兴经济体所遇到的结构性问题。新兴经济体往往会遇到去杠杆和经济转型的双重挑战。即需要在控制总体债务风险的同时，通过结构性地增加生产性投资和研发投入，跨过"中等收入陷阱"，尽快实现产业结构升级，步入发达经济体行列。如果不能很好地平衡债务与投资的关系，就很可能像历史上少数南美洲国家那样，逐步失去长期增长动力和国际产业优势，经济发展停滞不前。事实证明保持二者间的紧平衡关系是很难的。中国正在这样一个关口上。2015年以前，高负债、高投资是中国经济的基本特征。中央提出去杠杆政策主张以后，各方面抓紧落实，企业部门债务率开始得到控制。根据国际清算银行（BIS）统计，截至2017年年底中国非金融部门债务总额为211万亿元人民币，债务率为255.7%，尽管仍然处于较高水平，但同上年相比保持基本稳定。企业部门债务率则下降了6个百分点，达到160.3%。与此同时，固定资产投资增速也逐年回落，但并未失速。2018年中国制造业投资同比增长9.5%，达到2016年以来最好水平，民间投资也出现了明显的恢复性增长。从去杠杆与生产性投资的实际表现来看，可以说中国在处理二者关系上取得了初步成果。

同2008年以后部分成熟国家所经历的去杠杆相比，中国的去杠杆局面具有明显特点。一是企业债务分布很不均衡。大约60%的债务属于中央和地方国有企业，仅有40%的债务属于以民营企业为主体的非国有企业。二是政府在去杠杆过程中的积极作用。由于政府代行国有企业出资人职能，政府对于国有经济降杠杆可以发挥更大作用。特别是在采矿、钢铁、建材等过剩产能和负债比较集中的部门，国有企业占比较大，政府有条件综合运用多种政策手段促使这些企业平稳降杠杆。三是高新技术产业去杠杆负担不重。作为中国创新型国家战略领头羊的高新技术产业，总体负债率不高，营业收入和利润增长较快，并不是主要的去杠杆产业部门，这为高新技术产业轻装上阵担当产业升级主力军提供了条件。

关于去杠杆，2018年4月中央财经委员会第一次会议提出要以结构性去杠杆为基本思路，分部门、分债务类型提出不同要求，地方政府和企业特别是国有企业要尽快把杠杆降下来，努力实现宏观杠杆率稳定和逐步下降。这是去杠杆进入下半场的明确信号。根据学习借鉴成熟国家对于去杠杆的认识和处置经验，中国开始更加注重研究解决本国结构性问题，并拿出更有针对性的解决方案。具体地讲，关于国内外瞩目的宏观杠杆率问题，有的国际组织和官员、学者认为要尽快降低宏观杠杆率，拆除债务"炸弹"。可是那样做的结果无异于加快经济硬着陆，即使宏观杠杆率降下来，中国经济和社会也将付出难以承受的代价。因此，这一次的财经委员会会议并没有简单要求去杠杆，而是强调宏观杠杆率的稳定和逐步下降。从短期来看，首先，中国已经初步做到了实现杠杆率稳定。在此基础上，如果条件具备再推动宏观杠杆率逐步下降，杠杆率降到合理程度所需要的时间，可能比预想的要更长一些，至少眼下它还不是首要任务。其次，在摸清家底的基础上提出结构性去杠杆，根据不同产业部门和债务类型，分出轻重缓急，而不是"一刀切"地要求去杠杆，这为宏观杠杆结构的内部调整留下了空间。对于高杠杆、高风险的传统产业部门，要采取果断措施去杠杆，对于杠杆率合理且债务风险较低的新兴产业部门和高技术产业部门，首要任务是加快发展，去除投资和研发投入方面的限制，为此甚至可以适当提高杠杆率，以加快产业升级和促进经济稳定增长。最后，明确去杠杆的重点是地方政府和国有企业。非国有企业、家庭以及中央政府不是去杠杆的重点。其中民营企业和中央政府仍有加杠杆的空间，这为债务风险的转移和分散创造了条件，从而有可能稳定和降低宏观杠杆率。

从去杠杆到结构性去杠杆，对相同问题的认识又深入一步，相应地就要对现行去杠杆政策进行某种调整。不过如何调整，却又成为新的问题。近期，关于货币政策与财政政策在金融风险形成和化解中应当承担的责任，引起了一些争议，凸显出政策调整的复杂性。如果政策制订部门不能正确认识自身在防范金融风险中的定位，缺乏必要的自省和担当，又如何期望它们可以恰当地运用政策工具以达成结构性去杠杆目标？我们认为，要继续把握好去杠杆与稳投资的关系，不单纯为去杠杆而去杠杆，而是将结构性去杠杆与促进有效投资更好地结合起来。为此，必须对以下几个问题有清醒认识。

首先，需要对去杠杆形势有清醒认识。尽管中国已经初步稳定了宏观杠杆率,并且企业杠杆率也有明显下降,但目前没有更多证据可以证明这一趋势会长期持续。地方政府和国有企业是去杠杆重点,可是目前甚至没有公开地方政府隐性债务的具体规模,更难以采用破产或重组等常规处置方法化解地方政府债务风险,当前的模糊处理方式避免了较大的市场冲击,似乎很符合各方面利益,但毕竟只是权宜之计。至于国有企业,由于牵涉产业安全、民生就业、社会稳定和意识形态等诸多领域,其债务问题更是难于破解。这突出表现在僵尸企业和部分地方困难国企身上。地方政府和国有企业债务处置的高难度,预示着结构性去杠杆政策将会是"啃骨头"政策。顺利啃下这两块"骨头",去杠杆将会取得明显进展,经济转型就有希望;啃不下这两块"骨头",有可能使去杠杆效果减弱,或者重回总量调控的老路,使非国有经济付出额外代价,经济转型困难增大。在这个问题上,含糊不得。

其次,需要认识到中国尚未建立明确的去杠杆损失补偿机制。在去杠杆政策下,地方政府和国有企业难以融入债务性资金,甚至无法发新还旧,可能导致二者的实质性违约。在不能以市场化法制化手段处置违约的情况下,有关银行和其他债权人会被迫承担由此产生的损失。这类损失并非仅是商业范畴内的损失,而是受政策变化影响而产生的政策性质损失,国家作为政策制订者有责任出台相应的风险分担和损失补偿机制。如果没有损失补偿机制，银行因承担过多损失而被消耗的资本金就无法得到弥补，可能出现资本金不足的情况进而诱发更严重的系统性风险。依目前的市场状况，大规模的银行资本性证券发行会遇到较大困难。因此，需要建立政策性的去杠杆损失补偿机制，包括国家注资、债转股、资产置换、补充抵押品和追加担保等多种补偿方式。该机制需要明确每种补偿方式的实施范围、条件、方式和期限等，让债权人可以据此形成明确预期，不致诱发市场恐慌。

再次，需要充分估计维持去杠杆与稳投资的困难程度。现行的去杠杆政策主要通过货币、信贷、财政和国资四条渠道来传递。四条渠道各有侧重：货币政策掌控市场流动性，信贷政策把握总体信贷增量，财政政策影响总需求和地方政府债务，国资管理政策控制国有企业债务规模。目前来看，四条渠道对于经济去杠杆都发挥了积极作用。一方面，市场流动性松紧适度，企业信贷增幅受限，地方政府债务和国有企业债务成为财政及国资部门监察重点，债务规模增长受到严密控制。另一方面，这些政策对于稳定投资也产生了一定负面影响。一是企业融资成本提高，信贷规模紧张，在调研中各类型企业都反映融资难、融资贵问题有所加剧。二是以往作为主力的国有企业投资增速放缓，2018年全社会投资增速为5.9%，但国有企业仅为1.9%，如果现行政策不发生变化，这一局面短期内很难改观。三是民间企业投资极不稳定。2016年民营企业投资增速突然下降，近期又逐步恢复，但仍未达到2015年的水平，随着融资条件继续恶化，民间投资的不稳定性对于整体投资的影响可能扩大。四是高技术产业投资增速未达到预期，由于占比较小，其对于产业结构升级的带动作用还不明显，有人认为目前15%左右的增速已经相当好，对照"十三五"规划和"制造业2025"的要求，我们认为高新技术产业投资和研发投入增速目前应至少维持在20%左右，且需要传统产业一定的技术改造投资增长相配合，才有可能较好实现工业化与信息化相融合以及推动产业升级的目标。五是外商直接投资增速明显放缓，大型投资项目减少，未来中美贸易战和美国对中国技术封锁加剧，可能导致中国引进外资和技术的步伐进一步放慢。

最后，在去杠杆条件下努力促进投资更有效率地增长，维持好二者的紧平衡关系，还需要对于稳投资的目标有清楚认识。尽管近年来中国固定资产投资增速已经明显回落，但相对投资规模仍然明显高于发达国家。美国和日本的年投资额占GDP比重约为15%，而中国目前仍然超过40%。因此长期来看，固定资产投资增速将低于GDP增速。但投资的内部结构会有较大变化,生产性投资和民间投资的比重增加,地方基础设施投资、国有部门投资和房地产投资会受到更多控制。同时,中国科技研发投入仍然偏低。2017年中国研发投入占GDP比重为2.1%,低于世界平均水平,发达国家该指标一般为2.5%—3.2%。为实现创新国家战略,各方面政策仍然需要在促进企业研发投入方面发挥更大作用。

三 投融资政策的协调

积极促进投资,缓解政府和企业投资所面临的融资约束,并有效控制债务风险,是当前发挥投资对经济增长关键作用的主要途径。因此,从政策上应当十分注意投资政策与融资政策的协调,在鼓励投资的同时适当放松融资约束。

2005年以来,中国在鼓励投资特别是民间投资方面出台了大量政策,政策方针明确。2005年和2010年,国务院分别出台了《关于鼓励支持和引导个体私营等非公有制经济发展的若干意见》(国发〔2005〕3号)和《关于鼓励和引导民间投资健康发展的若干意见》(国发〔2010〕13号)(以下简称"两个36条"),截至2013年又陆续出台了42项配套措施,以促进"两个36条"落地实施。这些文件明确提出要拓宽民间投资的领域和范围，鼓励民间资本进入基础产业和基础设施、公用事业、政策性住房、社会事业、金融业、国防科技等领域。对于民间投资进入特定领域，"两个36条"的表述有所不同，2005年文件大多使用的是"允许"字样，而2010年文件则进一步表述为"鼓励和引导"，显示出国家对于民间投资重要性的认识又上升到新高度。在对民间投资的资金支持方面，2010年文件要求各级政府和有关部门安排的政府性资金要明确规则、统一标准，对包括民间投资在内的各类投资主体同等对待并支持民营企业的产品和服务进入政府采购目录；要求各类金融机构要在防范风险的基础上，创新和灵活运用多种金融工具，加大对民间投资的融资支持，加强对民间投资的金融服务。

党的十八大以后，国家对于鼓励民间投资和增强对民营企业的资金支持继续保持高度重视，出台的一系列文件涉及的领域和政策措施更加具体化。如《关于创新重点领域投融资机制鼓励社会投资的指导意见》（国发〔2014〕60号）、《关于多措并举着力缓解企业融资成本高问题的指导意见》（国办发〔2014〕39号）等，其中一些文件对于具体投资领域、投资项目和融资方式等都做出了比较具体的政策规定，并且标注了制订具体政策的牵头部门和政策出台时间。目前被广泛运用的PPP模式、政府专项债、政策性产业引导基金等投融资模式和工具，就是在上述文件精神指引下得到迅速推广的。近年来，随着中国经济进入高质量发展阶段，经济下行压力加大，投资对于经济增长的关键作用更加突出。面对投资增速放缓、民间投资积极性有所回落的新形势，国家又陆续出台了《关于进一步激发民间有效投资活力促进经济持续健康发展的指导意见》（国办发〔2017〕79号）、《关于保持基础设施领域补短板力度的指导意见》（国办发〔2018〕101号）和《关于进一步激发社会领域投资活力的意见》（国办发〔2017〕21号）等文件，以进一步调动民间投资积极性。综合这些已经出台的中央和国务院文件，主要内容基本上是对"两个36条"文件精神的重申以及政策措施方面的不断细化和补充。在准确把握中国投融资体制发展走向和现存弊端的基础上，经过长期政策实践的积累，2016年党中央和国务院共同发布了《关于深化投融资体制改革的意见》（中发〔2016〕18号）（以下简称《意见》），《意见》从改善企业投资管理、完善政府投资机制、创新融资机制、切实转变政府职能等方面提出了中国投融资体制改革的重点任务，明确了改革方向。《意见》堪称今后一个时期中国投融资政策的纲领性文件。《意见》发布后，相关部门和各级地方政府结合本部门和本地实际，陆续制订出台了具体实施方案。

表1-1　　　　　　国家出台的鼓励投资的主要政策文件

文件名称	文号	发文时间	发布机构
国务院关于鼓励支持和引导个体私营等非公有制经济发展的若干意见	国发〔2005〕3号	2005年2月	国务院
国务院关于鼓励和引导民间投资健康发展的若干意见	国发〔2010〕13号	2010年5月	国务院
国务院办公厅关于金融支持经济结构调整和转型升级的指导意见	国办发〔2013〕67号	2013年7月	国务院办公厅
国务院办公厅关于多措并举着力缓解企业融资成本高问题的指导意见	国办发〔2014〕39号	2014年8月	国务院办公厅
国务院关于创新重点领域投融资机制鼓励社会投资的指导意见	国发〔2014〕60号	2014年11月	国务院
国务院办公厅关于进一步做好民间投资有关工作的通知	国办发明电〔2016〕12号	2016年7月	国务院办公厅
中共中央、国务院关于深化投融资体制改革的意见	中发〔2016〕18号	2016年7月	党中央、国务院
国务院关于促进创业投资持续健康发展的若干意见	国发〔2016〕53号	2016年9月	国务院
国务院办公厅关于进一步激发社会领域投资活力的意见	国办发〔2017〕21号	2017年3月	国务院办公厅
国务院办公厅关于进一步激发民间有效投资活力促进经济持续健康发展的指导意见	国办发〔2017〕79号	2017年9月	国务院办公厅
国务院办公厅关于保持基础设施领域补短板力度的指导意见	国办发〔2018〕101号	2018年10月	国务院办公厅

资料来源：作者搜集整理。

国家发布了如此多鼓励投资的重要政策文件，为什么社会投资增速特别是民间投资增速仍然出现下行趋势？这是一个很复杂的问题，需要从三个维度来分析。第一个维度是投资的周期性特征，第二个维度是政府逆周期管理的能力边界，第三个维度是政策传导机制。从第一个维度来看，中国固定资产投资同发达国家走过的道路一样，体现出明显的顺周期特征。经济处于上升期，企业预期乐观，投资意愿增强；政府税收增长较快，动员基建投资的能力增强，基建项目大批上马。政府和企业的投资活动推动全社会固定资产投资迅速增长。在经济进入调整期以后，企业预期谨慎，经营趋向保守，同时融资市场流动性紧缺，违约风险提高，企业融资成本增加；政府税收减少，基建投资趋缓，部分已开工基建项目甚至停工。2018年中国GDP超过90万亿元人民币，约占全球GDP总量的1/6，如此庞大的经济体如果出现经济增长和投资增长放缓的趋势，其巨大的下行动能和惯性作用，难以在短期内被迅速扭转。从第二个维度来看，政府进行逆周期管理存在能力边界，超出政府管理能力的目标不太可能完全实现。从2008年金融危机以来世界各国政府救市和推动经济复苏的努力来看，广泛实施的宽松货币政策和积极财政政策，在各国均不同程度地遇到了政策效用衰减问题。宽松货币政策一定程度上降低了企业融资成本,但企业经营形势恶化和信用风险上升,使得企业资金需求和资金可得性明显下降,相反过剩的流动性推动资产市场价格攀升,形成资产泡沫,加速资金远离实体经济。此外,以欧盟成员国为代表的一些国家由于政府债务积累较多,社会福利性支出庞大,使得这些国家实际上没有更多财力用于执行减税或增加政府支出等积极财政政策。中国当前面临着十分相似的局面,实体经济债务负担沉重,地方政府债务风险不断累积,在央行不断释放流动性的背景下,企业特别是民营企业和中小企业,仍然存在比较普遍的融资难和融资贵问题,固定资产投资总体仍在低位运行。财政政策方面,积极财政政策已经执行

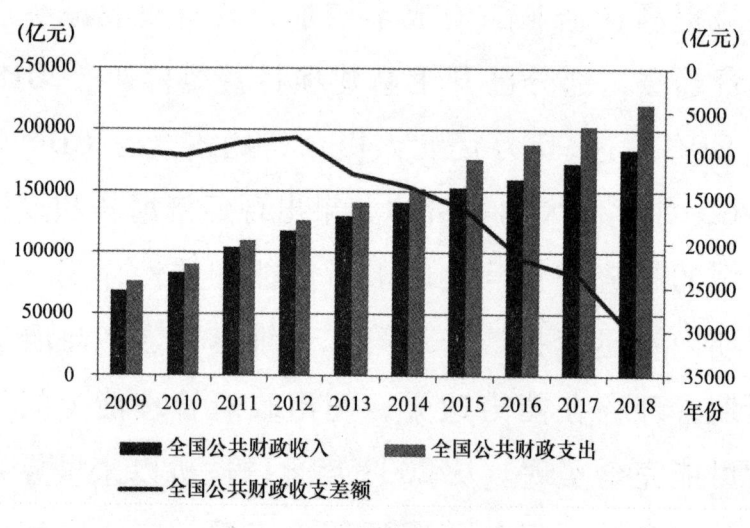

图1-4 国家公共财政收支情况

数据来源:WIND。

多年，而企业和居民感受有限。殊不知中国财政收入连年赤字运行，刚性财政支出不断加大，中央政府和地方政府债务持续增加，实施积极财政政策的空间已经相当有限。

从第三个维度来看，中国国家政策的传导机制存在一定特殊性。国家重要政策通常以文件形式发布和实施。政策由中央向各部门和各地方的传导路径，主要是相关部委根据中央文件精神结合本部门工作实际制定行政规章，各省、市、县结合本地实际出台实施办法。因此在中央文件层面，通常是对政策进行原则性描述，部门规章和地方实施办法负责政策的落地执行。因此政策的执行效果，不仅取决于中央政策的正确性和及时性，也取决于部门规章和地方实施办法能否充分和准确地反映中央政策意图，达到足够的政策实施力度，产生足够的政策影响力，从而取得中央预期的政策效果。政策传导机制的特殊性，决定了中央政策的落实存在一定的不确定性。实践中，由于部门和地方与中央在具体政策上的认识不同或者存在局部利益考量，导致其出台的部门规章或者实施办法不能全面贯彻中央政治意图，进而形成政策"中梗阻"。中央针对鼓励民营企业投资、深化"放管服"改革、解决企业融资难和融资贵等问题所出台的一系列政策，实践中都出现了打折扣的情况。结果一方面中央出台政策显示重大利好,另一方面企业感受不明显或者问题没有得到真正解决。

近年来国家鼓励企业投资的政策不同程度地受到金融政策收紧影响。为防范化解决金融风险和治理金融乱象,银行业和保险业监管机构近两年先后修订和制定了近百个监管制度、法规、办法,弥补监管漏洞,对十几万家银行保险机构进行现场检查,处罚违规银行保险机构近6000家,处罚相关责任人7000多人次,禁止一定期限乃至终身进入银行保险业的人员300多人次,取消一定期限直至终身银行保险机构董事及高管人员任职资格达454人次[①]。2018年证券监管机构查处各类违法违规行为310件,同比上升38%;罚款106亿元,同比增加42%;对上市公司增发股票和特定股东减持还制定了新的监管规定[②]。金融监管部门如此大力度的现场检查和行政处罚为近年罕见。当然,"重疾还需猛药"的道理大家都懂得。面对严峻的金融风险形势,及时采取措施查缺补漏制止违规是非常必要的,否则将有可能酿成更严重的风险事件。但从缓解企业融资约束的角度来看,"一刀切"式的严监管并不完全有利于企业融资。监管机构存在"为监管

---

① 数据摘自银监会有关负责人讲话,资料来自国务院新闻办公室网站。
② 证券监管信息来自中国证监会网站。

而监管"的情况，出于对监管工作目标的考虑，监管者对于企业融资便利化的重要性认识不足（或者不愿意认识）；出于对监管成本的考虑，监管者对于金融创新与市场乱象的区分不清（或者不愿意区分）。这导致金融严监管一定程度上强化了企业融资约束，抬高了融资成本，使得民营企业和中小企业的融资难问题有所加剧。无独有偶，2019年2月中央发布《关于加强金融服务民营企业的若干意见》（中办发〔2019〕6号）（以下简称《意见》）之后，银保监会发布了《关于进一步加强金融服务民营企业有关工作的通知》（银保监发〔2019〕8号），以贯彻中央的《意见》。在该通知中，银保监会要求抓紧建立"敢贷、愿贷、能贷"的长效机制。要求"商业银行于每年年初制定民营企业服务年度目标……2019年普惠型小微企业贷款力争总体实现余额同比增长30%以上"，要求商业银行"在内部绩效考核机制中提高民营企业融资业务权重，对民营企业贷款增速和质量高于行业平均水平的分支机构要予以奖励"，银保监会将"按季监测银行业金融机构民营企业贷款情况。根据实际情况按法人机构制定实施差异化考核方案，形成贷款户数和金额并重的年度考核机制。加强监管督导和考核，确保民营企业贷款在新发放公司类贷款中的比重进一步提高，并将融资成本保持在合理水平"。这种看似支持民营企业的监管政策，实则是对商业银行经营的直接干预。这种干预对于银行经营自主权意味着什么，不言自明。即使银行系统按照要求增加了民营企业贷款，也很难说这是市场化决策。而且今后由此产生的不良资产如何处置，谁来弥补损失？监管机构的通知中却并未提及。从严监管到强制要求增加民营企业贷款，表面上似乎监管政策兼顾了防范金融风险和降低融资成本，实际上却是"一刀切"政策的正反两个版本：一是"一管就死"，以全面服从审慎监管规则为第一要务，谨慎对待金融产品创新和增加信贷规模，导致民营企业和中小企业融资难融资贵；二是"一放就乱"，以贯彻中央政策为名突破监管底线，要求金融机构向民营企业和中小企业突击发放贷款，形成更多风险隐患。而且监管政策放开后可能产生的不良资产问题又会倒逼决策层的金融风险容忍底限，迫使国家金融政策再次转向。这两个"一刀切"式的政策思路都不是我们想要的。在供给侧结构性改革的关键时期，国家的金融政策需要具有更多的结构优化特征，而不是简单的资金总量收放。结构性金融政策应当鼓励金融机构和金融市场自觉满足实体经济调结构需求，推动金融行业通过深化内部改革和提高经营管理水平，有效识别客户和管理风险，允许金融业按照市场规律获得经营收益和自行消化经营风险及损失。对于金融市场不完善之处，必须要政府实施行政干预的领域，也需要为具体执行部门规定明确的行为边界，设置明确的干预目标（该目标应不与监管机构长期工作目标相冲突），并完善以财政资金为支持的损失补偿机制。

为有效管控风险和如期实现经济转型，继续维持去杠杆和稳投资的紧平衡关系仍然十分必要。在经济去杠杆的大背景下，中国货币政策不再搞"大水漫灌"，国有企业和地方政府增加债务融资受到更多限制。推动有效投资增长将不得不更多依靠结构性政策，而非总量性政策。即着重从投资主体多元化和资源优化配置的角度提高投资效率和增加投资总量。目前的关键是落实中央关于结构性去杠杆的总体部署，根据各经济部门和债务类型对债务杠杆进行加减操作，确保企业正常的生产性投资和研发投入所需资金。为此，货币、信贷、财政和国资政策都有必要做出务实调整。

第一，稳健中性的货币政策仍然不宜放松。以往经验表明，过于宽松的货币政策导致市场利率下行，是导致实体经济加杠杆的重要原因之一。而且增加市场流动性除了抬高资产价格，并不能够降低风险溢价，对于改善民营企业融资条件没有实质性帮助。

第二，信贷政策应更多体现结构化特征。监管机构的信贷政策和窗口指导需要更多关注地方政府与国有企业的去杠杆任务，提防针对二者的多种形式的变相加杠杆操作。主要商业银行的信贷政策需要努力体现对国有企业与民营企业的公平待遇，进一步细化行业信贷政策，对传统行业的重要细分领域给予必要支持，适当放宽对高新技术企业的贷款条件特别是抵押品要求。

第三，积极财政政策的执行思路需要有所调整。在目前减税降费的基础上，一方面将去杠杆补偿机制列入财政政策考虑范畴，适度降低对国有金融机构的盈利和分红要求，通过设立去杠杆基金补充金融机构因处置不良资产而损失的资本金，并强化对非国有企业的财政支持；另一方面，加快中央和地方财政体制改革，严控地方政府债务规模，健全统计和问责机制，完善地方财政信息披露制度。

第四，国资管理政策要把国有企业管好管活。将去杠杆政策更好地与国企回归主业和推进混合所有制改革相结合。在控制债务规模的前提下，积极推动国有企业调整资产结构，加快资产出售和债务重组，大幅度提高全要素生产率，支持国有企业做强做专。

四 2019年投资形势及政策建议

在国内经济结构持续调整和国际经济形势不确定性增大的背景下，2019年中国实体经济投资将面临比较严峻的形势。部分地方政府和国有企业在较强债务约束下，投资活动有所收缩；民间投资受不确定性预期和融资约束影响，投资增速可能放缓。如不采取更加积极的政策措施，全国投资形势将更加严峻。

部分地方财政紧缩基建投资受限。地方政府是基础设施投资的重要主体，承担着确保中央与地方基建项目落地的重要职责。我们在调研中了解到，2018年以来，在财政减收和偿债压力增大等不利因素影响下，中西部一些地方财政状况趋于紧张，财政扩张能力受限，可能对中央的积极财政政策形成抵消效应。一是公共财政收入依然处于"吃饭财政"状态，地方"保运转、保稳定、保民生"的刚性支出压力比较大，地方公共财政收入中可用于基建投资的预算内资金规模有限。二是部分二线、三线城市房地产市场出现回调，地方土地出让金收入受到影响，土地以底价成交或者流拍成为常态。有的地方即便房地产市场保持稳定，但由于政府前期土地储备不足或者过度开发，导致政府手中无地可卖，无法利用土地出让金补充财政支出缺口。三是受近年来中央强化地方政府债务约束、清理整顿PPP项目库等因素影响，地方政府举债空间明显收窄，部分基建项目退出PPP项目库以后政府提前偿债压力陡增，几乎已无财力继续投资新的基建项目。

国有企业投资活跃度有所下降。国有企业和地方政府一样，都是中国经济去杠杆的重点对象。随着国资管理部门对国有企业负债约束日益增强，以及经济增速下行所带来的投资机会减少，国有企业总体投资活跃度有所下降。截至2018年10月底，全国国有企业资产累计增长8.5%，这是2013年以来的最低增速。与此同时，债务增长7.1%，也是近年来的最低增速。资产规模增速下降，部分说明国有企业对外投资增长放缓，而债务增速下降，则表明中国针对国有企业的去杠杆政策开始发挥作用。分类别来看，地方国有企业的资产和债务增速仍然快于中央国有企业，随着去杠杆政策的持续传导，地方国有企业的资产负债增速有望进一步下降。因此对国有企业而言，未来投资规模收缩应该是大概率事件。

多因素导致民间投资后劲不足。民间投资约占中国固定资产投资的60%，在一些地方甚至占到了80%。从全国数据来看，民间投资仍然保持了8.8%的增速，快于整体投资增速和国有企业投资增速，但对民间投资形势的估计不可过分乐观：一是现有增速受到上年低基数影响；二是从区域分布来看，中西部和东北地区的民间投资增长落后于东部地区；三是房地产投资在民间投资中占有相当比重；四是历史经验表明民间投资在市场预期不稳的情况下，容易出现大起大落；五是随着产业结构高级化，部分地方民营企业项目准备不足，专业性人力资源缺乏，融资约束较大。

面对严峻的投资形势，需要中央和地方在投融资体制改革和短期支持性政策等多方面做出努力来应对。就中央层面而言，近期可以考虑采取以下政策措施。

第一，支持中西部地区有序加快基建投资。

支持地方政府通过资产出售、资产证券化等多种方式加快政府资产和融资平台资产处置并回收资金，及时偿还到期债务，腾挪更多举债空间，为推出更多优质PPP项目和发行地方政府债券、城投债券及专项债券等创造条件。

由中央财政部门出面组织PPP项目库内部结构调整，将符合条件预期能够产生现金流的项目，如收费公路等，调整为可行性缺口补助项目或使用者付费项目，符合条件的项目也可以调出项目库以专项债等方式融资，减少对PPP项目库政府付费项目指标的占用。

为缩小东、中、西部地区基础设施建设差距，建议综合考虑地方财力增长和中央转移支付等因素，阶段性适当放宽地方政府PPP项目支出责任占一般公共预算年度支出比例不超过10%的限制，为地方政府启动新增PPP项目创造条件。同时，为引导地方政府强化基建投资回报意识，中央财政可以考虑优先支持一批地方可行性缺口补助类基建项目。

由中央出台统一意见，推动各级地方政府尽快编制政府资产负债表，建立具体资产与负债的对应关系，并进行动态更新，促进地方政府更好地进行资产负债管理，确保地方财政安全。

第二，支持地方开展高质量产业投资。

加强中央企业与中西部地区的产业项目合作。根据央企和地方的具体产业发展定位及现实条件，支持央企更多项目落地中西部地区。建议由发改委和国资委等部门牵头，定期组织多种形式的央地产业项目对接活动，推动双方优势互补，加快形成先进产能。

支持优秀科学家团队到中西部创新创业。结合中国科技体制改革和科研人员离岗创业等政策的实施，鼓励两院院士、知名科学家团队落户中西部创业。中央提供政策支持，地方政府提供早期资金支持、工作条件和相应政策扶持。

切实提高中央和地方政府各级各类产业引导基金运作效率。建立中央各类产业引导基金和扶持性基金公开、透明的运作机制，在资金分配方案中明确对中西部地区的倾斜政策。更好协调基金的政策目标与市场化运作关系，适当弱化基金增值目标，提高基金损失容忍度，不断强化基金引导作用。

对于中西部地方政府建立的政府引导基金，中央财政应支持其尽快落实政策出资，建立资金补充机制和收益再分配机制。对于主要投向公用项目和早期产业项目的政府引导基金，允许设定更长的投资回收期。对于基金管理人已经尽责但仍然发生的损失，可以酌情免除管理人的责任。由于投资期长和出现投资损失所造成的基金可投资资金缺口，由地方财政预算内资金进行分期补充，中央政府给予补助。

支持地方建立投资项目与全国性资金市场动态对接机制。引导地方政府和企业根据国内外资金市场的动态变化和投资者偏好谋划、设计和培育投资项目，不断提升项目自身素质和市场接受度，从而提高项目融资成功率并有效降低融资成本。地方政府和企业需要加强对资金市场形势分析及未来走势研判，把握市场波动规律，抓住市场繁荣期，加快项目融资工作。

第三，加强对民间投资的引导和支持。

将国有企业混合所有制改革落到实处。充分考虑民营企业参与诉求，按照双赢原则支持国有和民营企业在资本、项目、人力资源和具体业务领域开展广泛深入合作。国资管理部门减少对具体企业混改方案的干预，尊重民营企业的参股权和控股权，支持民营企业与国有企业协同发展。

积极回应民间投资者关切。在投融资体制改革、国有企业混合所有制改革、地方产业集团组建进程中，充分吸收民间智慧，吸纳民间力量，为民间投资的注入提供充分空间，保证民间投资"进得来，留得住，走得了"。协助组建以民间投资为主的债权投资基金、股权投资基金和企业融资支持性基金。支持民间基金参与重点项目谋划、培育和融资等各项工作。

认真着手解决民营企业融资难融资贵问题。尽快落实民营企业债券融资支持工具和股权融资支持工具的具体额度和操作规程,更好地支持中西部民营企业融资。支持地方政府以多元出资方式设立地方民营企业债权融资支持基金和股权融资支持基金,与政府产业引导基金和其他融资支持性基金共同推动解决民营企业融资问题。

切实保护民间投资合法权益。平等对待国有和民营企业,确保民营企业和民间投资机构的合法权益得到有效保护。政府引导基金和融资支持性基金主动与民间投资更好配合,降低和分散民间投资所承担的风险,稳定民间投资预期,促进长期民间投资资金不断增加。

从提升投融资决策能力角度,针对中西部地区的重点民营企业领导人开展投资项目设计、培育、申报和融资方面的持续性专业培训。支持民营企业通过科学论证和准确操作,上马扩建和新建项目,不断增强企业核心竞争力和对地方经济的带动力。

第四,酝酿出台鼓励投资的支持性政策。

以国家深化投融资体制改革有关文件精神为指引,

鼓励企业依法依规自主决策投资行为。根据国家投资项目核准目录，已经明确无须核准的项目，省市区县各级有关部门要一放到底，不再核准。实行备案制的投资项目，备案机关应通过线上线下方式在工作时限内提供快捷服务，并且不得设置任何前置条件，更不得以备案名义搞变相审批。

督促各地进一步简化、整合投资项目报建手续，取消投资项目报建阶段技术审查类的相关审批手续，探索实行先建后验的管理模式。在项目审核环节，按照并联办理、联合评审的要求，各级相关部门协同运用审批权限，建立多评合一、统一评审的模式。

督促各地建立企业投资项目管理负面清单制度、管理权力清单制度和管理责任清单制度，厘清各级政府部门投资项目管理职权所对应的责任事项，明确责任主体，健全问责机制。

借鉴企业研发投入加计扣除的减税模式，根据中央和地方财力制定临时性减税政策或者奖补政策，鼓励企业增加生产性投资特别是技术改造类投资。

第五，支持地方完善本地投融资服务体系。

在坚持金融是地方事权的前提下，支持完善地方金融体系。允许地方政府根据各自情况明确本地金融监管体制的具体实现形式。允许地方金融监管机构以收取监管费等方式筹集经费，并根据需要适当增加监管人员数量。

明确地方金融管理权力清单，形成市场准入、日常监管、违规认定、风险处置权责一致的监督管理体系。对地方融资担保机构、小额贷款公司等机构和业务统一归口监管。健全地方金融业综合统计和分析制度，逐步将各类市场主体纳入监管范围。指导地方完善金融稳定监测体系和金融风险应急机制及防控预案，提升化解地方金融风险和处置金融突发事件的能力。

支持地方以本地重要投资机构和金融机构为结点，吸引全国性银行、证券、保险、信托、投资基金和金融资产管理公司等金融机构的分支网点，形成以服务本地政府和企业为主的投融资服务产业链条。鼓励全国性金融机构进一步下放经营权限，做到"人员下沉，业务下沉，风险管理下沉，利润中心下沉"，支持全国性金融机构同地方金融机构建立互惠互利的长期合作关系。

支持地方建立和扩充政策性倒贷基金、信贷风险补偿基金和融资担保基金。建立以财政资金为引导，多元主体共担风险、共同出资、共同受益的资金支持和补偿机制。缓解企业续贷困难，分担金融企业风险，促进信贷有效增长。

支持地方以多种方式组建投资银行工作团队和财务顾问团队，与全国性金融机构更好地合作。根据地方基建项目规模和产业发展规划，有步骤地对政府和企业资产及债务进行重大重组，形成一批市场前景好、现金流有保障、对地方经济增长潜力提升作用明显的重点项目和优质企业。逐步解决全国性金融机构对中西部地区支持不足的问题。

第二章 经济去杠杆与投融资形势

一 中国企业杠杆率的演变、调整与优化

自中国经济进入新常态以来,杠杆率偏高风险逐渐凸显。为防控金融风险,全国金融工作会议明确提出要推动经济去杠杆,要把国有企业降杠杆作为重中之重,抓好处置"僵尸企业"工作。但是,从近20年较长时期看,中国企业实际上处于"结构性加杠杆、整体性去杠杆"进程中,主要是一些存续期较长、重工业和公用事业领域以及上市国有企业在加杠杆。从需求端看,民营企业杠杆率变化是随基本面演变的市场选择结果,基本因素包括运营风险上升、有形资产减少、盈利能力提高、营业规模扩大和所得税率下降等;但国有企业杠杆率变化受基本面的影响要明显弱于民营企业。从供给端看,以银行信贷融资为主的模式下,由于受政府隐性担保、企业抵押物充足和银行

承担政策性责任等因素影响，资金错配表现为偏好国有企业以及"僵尸企业"。未来优化企业杠杆率需要保持战略定力理性应对"去杠杆"压力，依据企业基本面特征采取市场化路径调整杠杆率，按照利润原则优化信贷配置等方面多措并举，化解杠杆率可能偏高的风险。

(一) 中国企业杠杆率究竟如何演变

近年来，企业去杠杆问题陡然成为热门话题。对中国这类结构性矛盾复杂的经济体而言，任何"杠杆率过高"或"杠杆率过低"的结论均可能有偏，因为这些观点都能找到所需证据。与其追寻"最优负债率"来判断杠杆高低，不如弄清一些基础事实：中国企业杠杆率如何变化？什么特征的企业在加杠杆？什么特征的企业又在去杠杆？

用规模以上工业企业为观测样本，考察中国企业杠杆率演变过程。相比宏观经济数据，可以揭示微观异质性；相比上市公司数据，更能反映企业融资约束。总体来看，中国企业杠杆率逐年下降。2016年规模以上工业企业平均负债率为56%，比2008年和1998年分别下降2个百分点和8个百分点。分结构看，短期负债率小幅上升，长期负债率大幅下降。2015年企业平均短期负债率为46%，较1998年上升3个百分点；平均长期负债率为 11%，较 1998 年下降 10 个百分点。其中，超过 50% 的规模以上工业企业始终无法获得长期负债。

什么特征的企业分别在加杠杆和去杠杆呢？分规模看，大中型企业杠杆率小幅下降，小型企业显著下降。按照 2003 年《中小企业标准暂行规定》划分，2015 年大中型企业平均负债率为 58%，比 1998 年下降 5 个百分点；小型企业平均负债率为 53%，比 1998 年下降 12 个百分点。分行业看，公用事业企业杠杆率显著上升，重工业次之，轻工业大幅下降。以典型行业为例，2015 年水生产和供应企业平均负债率为 56%，比 1998 年上升 16 个百分点；煤炭开采和洗涤企业平均负债率为 68%，比 1998 年上升 7 个百分点；农副食品加工企业平均负债率为 50%，比 1998 年下降 22 个百分点。分地区看，中部地区企业杠杆率显著下降，东北和西部次之，东部小幅下降。1998 年东北、中部和西部地区企业平均负债率约为 69%，2015 年，中部地区下降 8 个百分点，东北和西部地区下降 6 个百分点。东部地区平均负债率从 1998 年的 63% 下降到 2015 年的 59%。分产权看，国有企业杠杆率显著下降，民营企业小幅下降。2015 年国有企业平均负债率为 62%，比 1998 年下降 2 个百分点；民营企业平均负债率为 52%，比 1998 年下降 9 个百分点。其中，民营企业融资难在亚洲金融危机后就已显现，2008 年国际金融危机后矛盾更严重。分期限看，长期存续的企业杠杆率降幅更小，但国有企业稳定上升。1998—2013年，存续3年以上的企业杠杆率下降19%，而存续15年以上的企业杠杆率仅下降4%。以存续15年以上企业为例，1998—2013年，国有企业杠杆率提高3个百分点，民营企业杠杆率却下降4个百分点。分属性看，上市企业杠杆率不断上升，非上市公司逐渐下降。2015年主板上市的制造业企业平均负债率为59%，比1998年提高10个百分点；非上市的规模以上工业平均负债率为57%，比1998年下降7个百分点。

简而言之，中国企业整体在去杠杆，但杠杆率风险主要在于两个方面：一是存续期较长、重工业和公用事业领域，以及上市国有企业在加杠杆，其中有的可能已经成为"僵尸企业"，只能依靠加杠杆融资来"续命"；二是杠杆结构变化带来流动性压力，企业平均长期负债率显著下降，而平均短期负债率有所上升。

（二）企业杠杆率变化的基本面因素

从需求端看，企业杠杆率变化主要是基本面演变的市场选择。例如，固定资产增加可以允许企业负债上升，因为银行能持有更多抵押物应对损失。随着中国经济转型加速推进，企业基本面特征和杠杆率都在变化，那么整体杠杆率下降是否有基本面支持呢？

基本面变化之一是运营风险上升。运营风险上升意味着企业违约概率和破产风险增加，获得外部负债资金机会减少。以近3年净资产收益率的标准差衡量企业经营风险，续存期3年以上的企业运营风险从2000年的4.9%上升到2013年的9%以上，其中2008年后运营风险迅速增加。实证研究表明，民营企业经营风险上升导致杠杆率显著下降，国有企业经营风险上升对杠杆率影响不显著。

基本面变化之二是有形资产减少。有形资产可以充当企业债务融资抵押物，比例越高意味着更易获得债权融资。2013年企业有形资产占总资产比例为48%，比1998年下降15个百分点。其中，固定资产占总资产比例为34%，比1998年下降9个百分点；存货占总资产比例为14%，比1998年下降6个百分点。实证研究表明，民营企业有形资产减少导致杠杆率显著下降，国有企业有形资产减少对杠杆率影响不显著。

基本面变化之三是盈利能力提高。盈利能力提高意味着企业可支配内部资金更多，从而降低外源融资需求。中国企业盈利能力整体持续上升，并在2011年达到局部高点，之后开始缓慢下降。其中，2011年国有企业平均销售利润率为3%，比1998年增加4个百分点；民营企业平均销售利润率为6%，比1998年增加3个百分点。实证研究表明，国有和民营企业盈利能力提高均导致杠杆率显著下降,但民营企业利润效应超过国有企业两倍。

基本面变化之四是经营规模扩大。经营规模扩大意味着信息披露更透明和破产机会更低,从而更易获得债务资金。1998—2013年,国有企业平均总资产规模扩大16倍,民营企业平均总资产规模扩大7倍,混合所有制企业平均总资产规模扩大6倍。实证研究表明,民营企业经营规模扩大推动杠杆率显著下降,国有企业经营规模扩大反而抑制杠杆率下降。

基本面变化之五是所得税率降低。债务融资利息税前支出可以抵扣部分税收,相当于变相增加税盾收益。采用应缴所得税/利润总额衡量企业所得税税率,2006年之前企业所得税平均税率基本稳定在27%,2007—2008年大幅减税后,保持在22%左右。实证研究表明,减税抑制国有和民营企业杠杆率下降,但民营企业税收效应约为国有企业1.5倍。

(三) 银行信贷资源的错配

从供给端看,企业杠杆率变化是信贷资源配置的自然反映。信贷资源配置理应符合利润原则,流向稳健经营、急需资金企业,但金融体系传导偏差使得一些缺乏基本面支撑的企业仍会获得大量信贷支持。银行信贷资源是否出现错配,以及如何错配呢?错配原因又是什么？

错配表现之一是资金偏好国有企业。充分控制企业基本面因素，研究产权差异对银行信贷资源配置的影响。实证研究表明，2004年之前，国有企业和民营企业负债率差异不大；2006—2008年国有企业比民营企业平均负债率高3%；2009年后差距显著扩大，2013年差距竟然高达8%。换句话说，仅因为所有制差异，银行信贷配置导致国有企业负债率比民营企业高8%。

错配表现之二是资金偏向僵尸企业。2008年前，信贷资金配置偏向国有僵尸企业。实证研究表明，地区信贷扩张导致各种所有制企业杠杆率增加，国有企业杠杆率增幅最大。相比营利性国有企业，亏损性国有企业反而更易获得银行贷款。2008年后，信贷资金配置偏向各种所有制僵尸企业。实证研究表明，地区信贷扩张对营利性企业负债率没有显著影响，但导致亏损性企业杠杆率显著增加。

多因素共同促成银行信贷资源错配：一是政府隐形担保。国有企业普遍承担社会责任也享受政府隐形担保，即使无法偿还银行贷款，政府也会出台相应救助措施，因此对国有企业放贷是银行理性选择。二是企业抵押物充足。国有企业固定资产投资规模较大，可以充当银行抵押物，即便暂不符合利润原则，也有基本面支持。三是银行仍然承担政策性责任。国有银行需要履行金融支持国家发展战略义务，信贷资源配置投向特定行业，可能不符合利润原则，也缺乏基本面支持。

（四）多措并举优化企业杠杆率

保持战略定力理性应对"去杠杆"压力。中国企业长期处于"整体性去杠杆、结构性加杠杆"进程中，政策制定需要避免"全面去杠杆"舆论裹挟。一是控制存续期较长的国有企业杠杆率。重点关注存续期在15年以上的国有企业，考虑实施更严格的信贷标准和发债条件。二是控制公用事业行业杠杆率。降低社会资本准入要求，加快充实股权资本。三是控制国有上市企业杠杆率。鼓励上市公司利用定向增发、公开增发和配股等补充股权资本。四是提高企业长期负债率。降低银行中长期贷款条件，创新资本市场中长期融资工具。

依据企业基本面市场化调整杠杆率。针对民营企业，综合参考企业运营风险、有形资产比例、盈利能力水平、经营规模状况和所得税税率高低，按照市场化原则自由调整杠杆率。针对国有企业，重点关注非理性加杠杆行为。尤其防止国有企业借道银行贷款脱实入虚，以委托贷款或应收账款形式参与影子银行投资。

按照企业利润原则优化信贷资金配置。一是弱化所有制歧视。减少政府对国有企业隐性担保，打破刚性兑付，必要时允许国有企业破产重组。二是减少信贷资源流向僵尸企业。建立僵尸企业识别和评级体系，作为银行信贷投放参考标准。三是建立信贷分账管理制度。针对国有企业履行社会责任，国有银行金融支持促发展义务，建立政策性信贷账户，与商业信贷分账管理。

二 金融去杠杆的缘起、进展与未来

2016年7月中央政治局会议首次提出"抑制资产泡沫"，随后金融去杠杆迅速成为金融市场和监管机构热点词汇。从生命周期理论角度回顾中国金融去杠杆历程：从加杠杆环境看，宽松货币政策是金融加杠杆"天时"，监管分业而治是金融加杠杆"地利"，银行同业膨胀是金融加杠杆"人和"。从加杠杆逻辑看，金融加杠杆体现为金融机构主动增加负债扩张资产负债表或表外资产；金融市场加杠杆体现为金融市场主体借入低成本资金投资高风险资产博取价差。从去杠杆措施看，主要表现为实施中性偏紧货币政策、完善金融监管制度框架和整顿违规金融套利乱象等。从去杠杆进展看，金融机构去杠杆总体成效显著，金融市场杠杆率保持低位运行。未来金融去杠杆需要继续实施中性偏紧货币政策，完善逆周期宏观审慎政策和健全资管新规实施细则多措并举。

（一）金融加杠杆环境

宽松货币政策是金融加杠杆"天时"。一是存款准备金率大幅下调增加市场流动性。2011年12月以来，中国人民银行（以下简称"央行"）8次降准为经济增长提供宽松货币环境，大型存款类金融机构人民币存款准备金率较金融危机以来最高点21.50%下降了4.50个百分点。尤其是2015年为维护股票市场稳定，央行连续4次实施降准，累计向市场释放流动性3.31万亿元。二是政策利率连续下调降低企业融资成本。信贷市场利率方面，2012年6月以来，央行8次下调人民币存款基准利率，一年期定期存款利率较金融危机以来最高点3.50%下降了2个百分点。其中2015年连续5次降息，导致一年期定期存款利率下降1.25个百分点。货币市场利率方面，2013年11—12月7天逆回购利率稳定在4.10%高位，而后不断下降，2015年10月跌至2.25%，并连续16个月保持稳定。三是货币政策工具多点创新定向支持薄弱环节。例如，引导金融机构支持小微企业和"三农"等重点领域，创设中期借贷便利。2015年推出MLF（中期借贷便利）以来，6个月期和1年期MLF累计投放分别高达4.21万亿元和6.58万亿元。又例如，平抑市场利率波动和构建"利率走廊"上限，创设常备借贷便利。2013年推出SLF（常备借贷便利）以来，隔夜和7天SLF累计分别投放3500亿元和6500亿元。

监管分业而治是金融加杠杆"地利"。分业监管虽有助于提高传统金融业态监管效率，但存在跨部门协作沟通乏力、监管政策难以形成合力等问题，难以明晰交叉性和创新性金融业务监管权责，导致监管空心或重叠现象出现。一是监管真空诱发金融产品快速扩张。以同业存单为例，《关于开展银行"不当创新、不当交易、不当激励、不当收费"专项治理工作的通知》（银监办发〔2017〕53号）发布前，同业存单不用缴纳存款准备金、不纳入广义信贷统计，完全游离于监管之外，同时具有流动性高、收益率堪比短期融资券等优势，市场配置需求强烈。二是监管协调不足难以抑制杠杆叠加。2015年股票市场暴涨暴跌根源是杠杆资金，尤其是场外配资，资金来源多种渠道、多层嵌套，既有银行、证券、保险和信托机构结构化产品，也有P2P等互联网金融理财。监管机构分业管制，无法穿透资金流动全程，难以掌握真实资金规模和杠杆水平。三是监管标准差异提供政策套利空间。机构监管差异性方面，银行存款要求缴纳准备金而无须缴纳非银行金融机构存款，银行存在强烈动机将资金委外投资转移至后者。市场监管差异性方面，以债市直接杠杆为例，公募基金场内回购融资杠杆率不超过1.4倍，交易所回购融资杠杆率上限为5倍，证券公司质押式回购融资规模不超过注册资本的80%，场外权益类资管计划杠杆不超过5倍。场内监管严格、场外相对宽松，导致分级基金等结构化场外产品迅速涌现。

银行同业膨胀是金融加杠杆"人和"。随着实体部门投资收益下降，银行信贷类资产坏账率不断攀升，亟须配置新的安全资产，金融机构同业产品膨胀。从需求端看，同业存单相对中短期票据投资收益更高，为债券和货币基金以及资金实力较强的大型商业银行提供套利机会。从供给端看，资金实力较弱的股份制银行和城商行面对业务竞争压力，存在强烈动机发行高流动性、低风险权重的同业存单扩张资产规模和补充流动性缺口。据 Wind 统计，2014—2016 年同业存单发行规模从 0.89 万亿元迅速攀升到 12.99 万亿元，其中股份制银行和城商行占比超过 85%。

（二）金融加杠杆逻辑

金融机构视角看，金融加杠杆体现为金融机构主动增加负债扩张资产负债表或表外资产。金融机构加杠杆模式随着监管规则不断演变：第一阶段（2012年1月至2013年3月），随着利率市场化加快，银行通过发行理财产品扩张规模，借道信托和证券等非银行金融机构投向非标资产。第二阶段（2013年4月至2014年5月），《中国银监会关于规范商业银行理财业务投资运作有关问题的通知》（银监发〔2013〕8号）出台后，理财资金投资非标资产占比受到约束，转而借道"买入返售金融资产"投向非标资产。第三阶段（2014年6月至2015年5月），《关于规范金融机构同业业务的通知》（银发〔2014〕127号）出台后，同业融资比例受到限制和买入返售资产禁止投向非标，银行将非标资产转移到应收账款，同时利用自有资金购买非标资产。第四阶段（2015年6月至今），银行同业存单规模井喷，并成为中小银行重要融资渠道。同业存单发行主体也从国有银行和股份制银行逐渐转移到城商行。

金融机构加杠杆逻辑表现为三个环节：一是银行向投资者加杠杆，其中表外加杠杆资金源于银行发行理财产品。二是中小银行向大型银行加杠杆。资金实力较弱的股份制银行和城商行通过向大型银行发行同业存单，主动增加负债扩大资产负债表。三是非银行金融机构向银行加杠杆。大型银行将表外理财资金、中小银行将同业融资和理财资金委托给外部非银行金融机构投资，资金最终投向金融市场和非标资产。

金融市场视角看，金融加杠杆体现为金融市场主体借入低成本资金投资高风险资产博取价差。金融市场加杠杆逻辑表现为三个方面：一是货币市场加杠杆。金融机构循环借入短久期资金投资长久期资产进行期限套利，尤其表现为滚动借入隔夜等超短期限资金。二是股票市场加杠杆。场内加杠杆主要是投资者向券商融资融券，利用股价波动套利；场外加杠杆主要是券商资管机构发行结构化理财产品，获取劣后级资产收益与优先级成本价差。三是债券市场加杠杆。金融机构在银行间市场和交易所市场通过质押或买断债券融资，之后继续购买债券，滚动续作，同时获取资本利得和票息收益。

（三）金融去杠杆措施

实施中性偏紧货币政策。从总量调控看，强化货币政策定力，消除金融机构套利源头。2017年12月，中央经济工作会议对货币闸门管控的论述从2016年年底"调节"升级为"管住"，措辞更加严厉。2017年M1月均增速为15.50%，同比减少7.23个百分点。2017年有3个月M2增速低于9%，尤其12月更是跌至8.20%，成为1996年以来历史最低点。从结构调控看，实施"锁短放长"策略，提高金融机构融资成本。逆回购操作方面，2017年14天和28天OMO（行业平台型商业模式）累计投放6.09万亿元和3.68万亿元，分别同比增加56.03%和22.50%；7天OMO累计投放10.77万亿元，同比减少39.85%。中期借贷便利操作方面，2017年3个月MLF暂停；6个月MLF累计投放0.81万亿元，同比减少66.38%；1年期MLF累计投放0.81万亿元，同比增加207.63%。

完善金融监管制度框架。一是成立金融监管协调机构。2017年7月，第五次全国金融工作会议决定设立国务院金融稳定发展委员会，将"统筹协调金融监管重大事项""研究系统性金融风险防范处置和维护金融稳定重大政策"纳入监管职责。二是统一业务监管标准。2017年2月，中国人民银行会同中央编办、法制办、证监会、银监会、保监会、外汇局成立"统一资产管理产品标准规制"工作小组，起草《关于规范金融机构资产管理业务的指导意见（征求意见稿）》，统一同类资管产品的监管标准，努力消弭监管套利。三是完善宏观审慎政策框架。2017年第1季度起，商业银行表外理财纳入广义信贷考核内容。2017年第3季度，人民银行明确规定同业存单期限不超过1年，同时部署将同业存单纳入MPA同业负债占比指标准备工作。2018年第1季度，资产规模5000亿元以上的银行发行同业存单正式纳入MPA考核。

整顿违规金融套利乱象。针对银行金融机构，2017年3月，银监会启动"三违反""三套利""四不当"专项治理工作，针对银行业金融机构同业业务和理财业务中高杠杆、多嵌套等问题进行整顿。2017年4月，银监会发布《关于银行业风险防控工作的指导意见》（银监发〔2017〕6号）、《关于切实弥补监管短板提升监管效能的通知》（银监发〔2017〕7号）、《关于开展银行业"监管套利、空转套利、关联套利"专项治理工作的通知》（银监办发〔2017〕46号）等文件，要求提升监管有效性，防范化解金融风险。2017年11月，中国人民银行、银监会、证监会、保监会、外汇局联合发布《关于规范金融机构资产管理业务的指导意见（征求意见稿）》（以下简称《意见》），治理业务发展不规范、刚性兑付和多层嵌套等问题。2018年1月，银监会发布《关于进一步深化整治银行业市场乱象的通知》（银监发〔2018〕4号），并随文发布2018年整治银行业市场乱象工作要点，包括公司治理不健全等八大类、22个方面。针对非银行金融机构，一是维护投资者合法权益。2016年12月，证监会发布《证券期货投资者适当性管理办法》（证监会令130号），要求区别专业投资者和普通投资者，强调证券期货经营机构应该为中小投资者提供特别保护。二是打破资管产品刚性兑付。《意见》提出"资产管理产品应当实行净值化管理""及时反映基础资产收益和风险",打破资产管理行业刚性兑付痼疾。三是实施信托业分类监管。2017年4月,银监会发布《信托业务监管分类试点工作实施方案》,并随文发布《信托业务监管分类说明(试行)》,根据资金投向将信托业务划分八大类别,分类施策监管。

(四) 金融去杠杆进展

金融机构去杠杆总体成效显著。一是银行与投资者之间杠杆增速显著下降。2017年12月银行理财产品资金余额合计29.54万亿元,同比增长1.69%,增速同比下降21.93个百分点。二是中小银行与大型银行之间加杠杆与去杠杆并存。以同业存单为例,2017年12月债券市场同业存单托管余额8.01万亿元,同比增长27.55%,增速同比下降79.76个百分点。以同业负债为例,2017年第3季度25家上市银行同业负债占负债总额比例为9.96%,同比下降1.35个百分点。以同业资产为例,2017年第3季度25家上市银行同业资产合计2.79万亿元,同比下降16.81%,增速同比下降16.01个百分点。三是非银行金融机构与银行之间杠杆显著降低。以金融机构信贷收支为例,2017年12月金融机构股权及其他投资(主要是商业银行购买的非银行金融机构资管信托计划)合计21.76万亿元,同比减少1.46%，增速同比下降65.85个百分点；2017年12月非银行金融机构贷款合计0.64万亿元，同比下降33.28%，增速同比下降44.90个百分点。

金融市场杠杆率保持低位运行。一是货币市场杠杆率大幅下降。考虑隔夜回购是投资者借短买长最重要标的，采用银行间债券质押式回购隔夜成交量与金融机构超额存款准备金之和除以金融机构超额存款准备金衡量货币市场杠杆率。2017年第4季度货币市场杠杆率为38.05倍，同比增加7.03倍，但较最高点2017年第3季度下降了26.41倍。二是股票市场杠杆率微弱下降。考虑蓝筹股短期流动性较差、市值占比较高等特点，采用沪深两市融资融券余额与流通市值之比衡量股票市场杠杆率。2017年12月股票市场杠杆率为2.28%，同比下降0.10个百分点，较最高点2015年6月下降2.06个百分点。三是债券市场杠杆率微弱增加。债券市场杠杆率表现为债券融入资金与自有资金之比，采用债券托管量除以债券托管量与待购回债券余额之差衡量。2017年第4季度债券市场杠杆率为111.19%，同比增加0.89个百分点，但较最高点2015年第4季度下降1.01个百分点。

（五）金融去杠杆未来

继续实施中性偏紧货币政策。一是管住货币政策闸门，切断金融去杠杆源头。应对未来可能出现的流动性紧张和经济增速放缓，更加保持货币政策定力。二是银行间市场继续"锁短放长"，提高金融机构套利成本。继续降低隔夜逆回购资金投放规模，提高7天和14天逆回购资金占比；增加1年期中期借贷便利投放规模，减少3个月和6个月中期借贷便利资金占比。三是维持存贷款基准利率，创造舒适实体融资环境。允许银行间市场利率和存贷款基准利率适度偏离，锁定银行存贷款利率，减少金融市场资金成本抬升对实体企业融资干扰。

完善逆周期宏观审慎政策。一是扩大同业存单考核主体范畴，逐步将资产规模5000亿元以下商业银行发行的同业存单纳入考核体系。二是降低拨备覆盖率，创造条件加快处置不良贷款，释放更多流动性支持实体企业。三是稳妥处置银行委外业务。针对存量业务，坚持到期不续策略；针对新增业务，控制委外投资业务比例。

健全资管新规实施细则。充分吸收各类市场参与者有效建议，尽快出台资产管理业务指导意见。建议重点修改内容包括：一是规范银行委外理财，出台理财新规实施细则。二是界定非标业务范围，加快制定标准化债权资产认定规则。三是健全资管产品统计制度。延伸资管产品统计层级，追溯资管产品最终投资者和对应的底层资产,为实施穿透式监管做准备。

三 供给侧结构性改革进展的初步评估

供给侧结构性改革是当前中国经济工作的主线。去产能、去杠杆、去库存、降成本和补短板作为改革的五大核心任务,直接关系中国经济转型的效率和质量。因此,需要持续动态地追踪各项改革的进展情况,有针对性地选择时机精准施策,以确保各项改革任务顺利完成。

(一) 五项改革进展概述

去产能任务依然较难,企业增产意愿强劲。随着大宗商品价格反弹,产能过剩行业开启逆势增产,少数企业快马加鞭扩建新产能。从现有总产能看,水泥和铝材行业产能有所下降,其他行业大多继续增产。2018年11月底,中国累计完成水泥产量19.98亿吨,同比减少了7.28%;累计完成原煤产量32.14亿吨,同比增长了2.49%;累计完成粗钢产量8.57亿吨,同比增长了12.10%;累计完成铝材产量0.41亿吨,同比减少了25.81%;累计完成平板玻璃产量7.92亿重量箱,同比增长了8.45%。从新建产能情况看,水泥行业投资加快扩张,煤炭、铝材和钢铁行业快速收缩。2018年第3季度末,中国铝材行业全部上市公司在建工程资产规模合计309.42亿元,同比减少了15.28%;煤炭行业全部上市公司在建工程资产规模合计1781.67亿元,同比减少了12.99%;水泥行业全部上市公司在建工程资产规模合计136.38亿元,同比增长了14.35%;钢铁行业全部上市公司在建工程资产规模合计954.28亿元,同比减少了25.21%。

去库存补库存同时并存,上、中、下游行业差异较大。通常待售库存状况以产成品存货除以总资产来衡量,潜在库存状况以原材料和在产品存货之和除以总资产来衡量。统计结果表明,上游资源品行业方面,2018年6月底,中国煤炭行业全部上市企业待售库存和潜在库存均值为1.31%和1.46%,分别同比下降了0.22个和0.11个百分点;有色行业全部上市企业待售库存和潜在库存均值为6.60%和10.93%,分别同比上升了0.78个和1.01个百分点。中游工业品行业方面,2018年6月底,中国钢铁行业全部上市企业待售库存和潜在库存均值为4.17%和8.62%,分别同比上升了0.12个和0.10个百分点;水泥行业全部上市企业待售库存和潜在库存均值为1.50%和3.60%,分别同比上升了0.62个和0.32个百分点;化工行业全部上市企业待售库存和潜在库存均值为5.19%和

5.03%，分别同比上升了 0.09 个和 0.27 个百分点；工程机械行业全部上市企业待售库存和潜在库存均值为 7.36% 和 8.70%，分别同比上升了 0.18 个百分点和下降了 0.55 个百分点。下游消费品行业方面，2018 年 6 月末，房地产行业全部上市企业待售库存和潜在库存均值为 1.76% 和 4.27%，分别同比上升了 0.14 个和 1.41 个百分点；汽车行业全部上市企业待售库存和潜在库存均值为 6.49% 和 5.03%，分别同比上升了 0.11 个和 0.20 个百分点；家电行业全部上市企业待售库存和潜在库存均值为 6.56% 和 5.14%，分别同比下降了 0.12 个百分点和保持不变；纺织服装行业全部上市企业待售库存和潜在库存均值为 13.15% 和 5.90%，同比分别上升了 0.24 个百分点和减少了 0.10 个百分点。

长期偿债能力减弱，短期偿债能力下滑。一是国有企业和公用事业部门负债率较高。2018 年第 3 季度末，国有实体上市企业平均资产负债率为 49.61%，较民营企业高出了 11.47 个百分点；公用事业行业上市企业平均资产负债率为 48.03%，较非金融上市企业高出了 6.26 个百分点。二是长期偿债能力有所减弱。2018 年第 3 季度末，非金融行业上市企业已获利息倍数均值为 10.30 倍，同比下降了 14.89 个百分点。四是短期偿债能力出现下滑。2018 年第 3 季度末，非金融行业上市企业平均速动比率和流动比率为1.99倍和2.50倍,分别同比减少了0.23倍和0.25倍。

营业成本和税负有所下降,但劳动力薪酬成本上升。一是营业成本出现下降。2018年第3季度末,中国非金融上市企业营业成本占营业收入比例均值为70.13%,同比下降了0.88个百分点。二是企业税负小幅下降。2018年第3季度末,中国非金融上市企业营业税金及附加税之和占营业收入比例均值为2.69%,同比下降了0.07个百分点。三是劳动力成本显著上涨。2018年6月底,中国非金融上市企业销售人员工资薪酬占营业收入比例均值为2.49%,同比上升了0.03个百分点;管理人员工资薪酬占营业收入比例均值为5.91%,同比上升了1.11个百分点。

薄弱行业回报率增加,补短板步伐有望加快。以文化、体育和娱乐行业为例,2018年第3季度末,行业全部上市企业固定资产投资完成额289.01亿元,同比减少了20.81%;全部营业收入合计1433.42亿元,同比增长了9.94%;全部净利润合计209.74亿元,同比增长了13.09%。以卫生和社会工作行业为例,2018年第3季度末,行业全部上市企业固定资产投资完成额89.56亿元,同比增加了11.87%;全部营业收入合计272.28亿元,同比增加了30.77%;全部净利润合计53.99亿元,同比增加了149.51%。以环境和公共设施管理行业为例，2018 年第 3 季度末，行业全部上市企业固定资产投资完成额 297.25 亿元，同比减少了 9.71%；全部营业收入合计 772.29 亿元，同比增加了 26.21%；全部净利润合计 95.13 亿元，同比增加了 5.80%。以教育行业为例，2018 年第 3 季度末，行业全部上市企业固定资产投资完成额 10.26 亿元，同比减少了 6.95%；全部营业收入合计 47.30 亿元，同比增加了 4.57%；全部净利润总计 3.63 亿元，同比增加了 6.72%。当前薄弱领域资产收益率快速上升，将会吸引更多社会资本涌入。

（二）资金脱虚返实面临较大阻力

货币与经济增长之间的偏离度、金融与经济增长之间的偏离度出现剪刀差，以及资产与商品价格之间偏差收窄，意味着宏观层面资金脱虚返实进程加快，但从微观上市公司财务数据表明，尽管当前实体部门投资支出有所增加和金融产品持有量不断减少，但企业依然热衷于持有现金和投资房地产。中美贸易摩擦等宏观环境导致企业资产周转速度明显减缓，以及企业加杠杆导致债务利息负担过重等挤压了盈利空间，未来微观层面资金脱虚返实依然面临较大阻力。

宏观经济金融运行指标均显示资金脱虚返实进展加快。一是货币增长与经济增长之间的偏离度开始出现剪刀差。2018年前3季度，中国平均广义货币供应量增速为8.34%，较同期GDP和CPI平均增速之和低3.42个百分点，而2016年前3季度时，中国平均广义货币供应量增速较同期GDP和CPI平均增速之和要高2.63个百分点。二是金融增长与经济增长之间的偏离度也出现剪刀差。2018年前3季度，中国的银行业整体资产增速为7.03%，较同期GDP和CPI平均增速之和低4.72个百分点，而在2016年前3季度时，银行业总资产增速比同期GDP和CPI平均增速之和高6.58个百分点。三是资产价格与商品价格之间的偏离度出现快速收窄。2018年9月，70个大中城市新建住房价格指数的涨幅仅为8.90%，较同期PPI指数要高4.90个百分点；而2016年前3季度，70个大中城市新建住房价格指数的涨幅比同期PPI指数则高8.27个百分点。

微观投资行为显示金融资产虽遭减持，但企业持有现金和房地产兴趣不减。一是实业投资支出明显增加。以在建工程科目为例，2018年第3季度末，中国全部非金融上市企业在建工程资产规模合计2.66万亿元，同比增加了10.28%；非金融上市公司平均在建工程资产规模为8.68亿元，同比增加了8.22%。二是企业仍然热衷持有现金。以货币资金科目为例，2018年第3季度末，中国全部非金融上市企业持有货币资金规模总计 7.56 万亿元，同比增长了 10.19%；上市公司平均现金持有规模为 21.84 亿元，同比增长 8.09%。上市公司增持货币资金的偏好并未变化，一方面是因为并未走出困扰市场已久的资产荒困境，另一方面可能是因为企业存在较强的投机性交易动机。三是购买金融资产转向房地产。以可供出售金融资产科目为例，2018 年第 3 季度末，全部非金融上市公司持有可供出售金融资产 8.37 万亿元，同比减少 20.93%；平均可供出售金融资产为 3.72 亿元，同比减少 20.54%。2018 年前 3 季度，全部上市公司持有理财产品合计 41.60 亿元，同比减少 8.75%；上市公司认购理财产品均值为 0.15 亿元，同比减少了 7.22%。以投资性房地产科目为例，2018 年第 3 季度末，全部非金融上市企业持有投资性房地产资产规模总计 9630.12 亿元，同比增加了 28.21%；平均投资房地产 5.81 亿元，同比增加 16.39%。

虽然宏观层面供给侧结构性改革提高全要素生产率，但中美贸易摩擦导致外部需求缩减，微观实体企业投资回报率出现调头下行迹象。从实体企业经营业绩来看，2018 年前 3 季度，中国制造业上市企业净资产收益率均值为 5.75%，同比下降了 0.6 个百分点。实体企业投资回报率微弱下滑，并未阻止市场长期资金进入，但银行信贷行为更加谨慎。从市场投资热情看，2018年1—11月，中国制造业固定资产投资额同比增长9.50%，增速同比提高5.4个百分点；2018年1—11月，中国民间固定资产投资完成额为37.84万亿元，同比增长了8.70%，增速同比加快了3.54个百分点。从银行信贷投放结构看，根据中国人民银行公布的金融机构新增人民币信贷数据显示，2018年前3季度，中国全部非金融企业获得中长期贷款累计4.93万亿元，同比减少了10.53%；占中国金融机构新增人民币贷款总和比例为37.52%，同比下降了11.85个百分点。种种迹象表明，微观层面资金脱虚返实依旧面临较大阻力。

实体企业投资回报率下降，主因在于宏观环境导致资产周转速度减缓，以及企业债务利息负担过重积压了利润空间。我们采用杜邦分析法对当前实体企业投资回报率指标进行了规范分解。一是PPI增长贡献了企业毛利率。2018年以来，PPI平均增长幅度达到3.90%，直接提升了上市公司销售利润率。2018年前3季度，中国制造业上市公司平均销售净利润率为7.39%，同比增加了0.17个百分点。二是资产周转速度减缓导致资产报酬率降低。2018年前3季度，中国制造业上市公司平均总资产周转率为0.48次，同比减少了0.02次。资产周转速度减缓降低了企业总资产盈利水平。2018年前3季度，中国制造业上市公司平均总资产报酬率为 5.23%，同比下降了 0.83 个百分点。三是企业加杠杆导致债务利息上升。权益乘数越大意味着企业杠杆率越高，所承担的债务利息负担更重。2018 年第 3 季度末，中国制造业上市公司平均权益乘数为 1.98 倍，同比增长了 0.03 倍。

（三）经济结构调整动力堪忧

产业结构优化成效逐步显现。从产业结构分类看，第二产业依然发挥主导作用。2018 年第 3 季度末，第二产业上市公司营业收入总计 20.12 万亿元，相当于第一产业营业收入和第三产业营业收入的 193.49 倍和 1.73 倍；第二产业营业收入同比增长 14.05%，较第三产业营业收入同比增速高 2.32 个百分点。从产业转型趋势看，战略性新兴产业的新动能显露。2018 年第 3 季度末，中国高端装备行业全部上市公司实现营业收入总计 6749.69 亿元，同比增加了 10.31%；中国 3D 打印行业全部上市公司实现营业收入总计 591.95 亿元，同比减少了 28.23%；中国新材料行业全部上市公司实现营业收入总计 804.00 亿元，同比增加了 19.23%；中国大数据行业全部上市公司实现营业收入总计 1484.08 亿元，同比减少了 7.23%。从产权改革效果看，混合所有制题材备受追捧。2018 年第 3 季度末，国有企业混合所有制改革概念类全部上市公司实现营业收入总计2.84万亿元,同比增加了14.72%;中央企业重组概念类全部上市公司实现营业收入总计8.30万亿元,同比增加了12.34%。

上市公司并购重组热情快速衰退。从重组数量看,重大并购重组热情快速消失。2018年1—11月,上市公司披露重大重组事件143起,同比减少了108起;重组交易金额合计高达4734.78亿元,同比减少了74.37%。从重组目的看,横向扩张驱动交易势头衰退。首先是横向整合战略驱动的重大重组,2018年1—11月此类重组交易金额总计2239亿元,占全部重组交易总金额的47.30%,同比减少了60.01%;其次为业务转型战略驱动的重大重组,交易金额总计1178.98亿元,占重组交易总金额的24.91%,同比增加了102.55%;最后为多元化战略驱动的重大重组,交易金额总计为523.29亿元,占全部重组交易总金额的22.10%,同比增长了49.25%。横向扩张驱动的并购重组快速减少,意味着企业增长动能可能进入衰退期。从重组融资看,股权融资潜力未能发挥。2018年前3季度,增发新股购买资产驱动的重大重组交易金额总计3229.33亿元,占全部重组交易总金额的68.22%,同比减少了39.71%;其次为协议收购驱动的重大重组交易金额总计666.01亿元,占全部重组交易总金额的14.07%,同比增长了37.45%。

企业创新资源投入动力持续衰竭。从上市公司财务绩效看，创新型企业获得更好的投资回报率。以中国战略新兴产业成分指数为标的，2018年第3季度末，指数成分股所对应的100家上市公司营业收入总计1.94万亿元，同比增长了13.26%；平均加权净资产收益率为9.99%，比全部A股非金融上市公司同期均值高出5.34个百分点。从研发经费支出情况看，上市企业创新投入不断降低。以披露研发费用情况的上市企业为标的，2018年前3季度，上市公司研发费用均值为1.86亿元，接近2017年同期水平的98%；上市公司平均研发费用占营业收入比例为2.07%，同比减少0.27个百分点。

银行资产反映民营经济活力有待激发。一是商业银行不良"双升"趋势得以扭转。2018年第3季度末，中国的上市银行全部不良贷款余额总计1.30万亿元，同比增长了4.61%；上市银行不良贷款率均值为1.50%，同比下降了0.03个百分点。国有银行资产质量好转是扭转整体不良的主因。2018年第3季度末，国有银行不良贷款余额增速为2.71%，低于同期民营银行均值8.69个百分点；平均不良贷款率下降了0.09个百分点，降幅高出民营银行0.02个百分点。二是商业银行拨备率不断增加。2018年第3季度末，上市银行不良贷款拨备率均值为236.87%，同比增加了

24.07个百分点，大幅提升了商业银行风险防控能力。三是贷款过度流向限制性行业。政策限制性行业领域贷款投放方面，2018年6月底，上市银行投向建筑行业贷款余额总计2.12万亿元，同比增长了11.66%；投向房地产行业贷款余额总计4.95万亿元，同比增长了7.79%。政策支持性行业领域贷款投放方面，2018年6月底，上市银行投向环境、水利和公共设施行业贷款余额总计3.32万亿元，同比增长了15.67%；投向体育、文化和娱乐行业贷款余额总计502亿元，同比增长了28.43%。

（四）2019年展望

资金脱虚返实进程阻力依然较大。尽管中国人民银行通过控制流动性闸门，管控虚拟资产膨胀的货币基础，同时银保监会、证监会等合力实施穿透式、全流程监管，努力消灭资金制度性套利空间，但实体部门投资收益率仍在下行通道徘徊，无法从源头吸引社会资本投资。预计中美贸易摩擦将会呈现长期胶着状态，对中国企业投资回报率的影响长期利空。为化解诸多不利趋势，国务院和部委层面将会相继出台各类金融支持实体企业举措，吸引民间资本投资。

经济结构调整升级速度将会加快。一是制造业主导作用仍将持续，与服务并驾齐驱。战略性新兴产业动能开始出现，产业经济增加值会继续扩大。混合所有制改革不断推进，将受到资本市场更多追捧。二是上市公司并购重组热情可能有所衰退。产能过剩将会影响横向并购重组推进，但科创板试点实施将会为并购注入动力股权融资动力。三是创新型企业财务业绩好转，将会带动更多企业增加研发投入。四是随着永续债发行，商业银行将会有更多信贷资金投向企业和提高风险管理水平。

"三去、一降、一补"推进更加协同。去产能任务方面，部分产能过剩行业开启逆势增产，一些企业甚至快马加鞭扩建新产能。去库存任务是企业市场化决策行为，一些行业库存已经完成化解任务，进入补库存通道。去杠杆任务方面，长期偿债能力将会增强，短期偿债能力仍会下滑。降成本任务方面，营业成本和税费负担将会继续下降，但劳动力薪酬成本可能仍将快速增长。补短板任务方面，随着薄弱行业投资收益率增加，将会有更多社会资本涌入。

四 强监管环境下的投融资形势

当前金融财政监管加剧实体融资环境紧张具体表现在，表外融资萎缩导致社融增速下行、货币增速回落叠加银行信用收缩，以及PPP整顿冲击相关题材企业融资。强监管政策对投资行为影响主要体现为，基建投资增速回落但潜在动力依旧，新动能支撑制造业投资但复苏艰难，土地购置推升房地产投资但疲态尽显。未来需要积极缓解实体融资紧张和加快培育高质量投资机会，双措并举抑制投资增速过快下滑。

（一）金融财政监管加剧实体融资环境紧张

表外融资萎缩导致社融增速下行。2018年7月，中国新增社会融资规模累计10.73万亿元，同比减少14.76%。其中新增表外融资（含委托贷款、信托贷款和未贴现银行承兑汇票三项叠加）规模累计-1.75万亿元，而2017年同期这一数值仍高达2.42万亿元。表外融资规模大幅萎缩主要受金融机构资管新规（银发〔2018〕106号）及其配套细则，如《商业银行理财业务监督管理办法（征求意见稿）》《证券期货经营机构私募资产管理业务管理办法（征求意见稿）》《证券期货经营机构私募资产管理计划运作管理规定（征求意见稿）》等影响。一方面，通道业务大幅收缩。资管业务新规禁止贷款虚假出表、严格控制信托贷款与委托贷款，过去借助通道为银行变相放贷的诸多业务将难以为继。另一方面，非标业务严格受控。资管业务新规对非标投资实行限额管理和流动性管理，同时禁止期限错配和多层嵌套，表外非标空间迅速收窄。

货币增速回落叠加银行信用收缩。2018年7月，广义货币增速为8.50%，同比下降0.40个百分点。同期存款类金融机构信贷收支增速为9.99%，同比下降3.70个百分点。金融机构信用收缩原因包括：一是资管新规抑制银行同业交易和资管计划。2018年7月存款类金融机构股权及其他投资为20.60万亿元，同比减少8.29%，增速同比下降20.92个百分点。二是债券发行放缓导致资产供给不足。从发行主体看，2018年7月地方政府债和企业债券累计发行2.17万亿元和978亿元，分别同比减少19.90%和36.98%。从购买主体看，2018年7月存款类金融机构债券投资32.95万亿元，同比增加12.89%，增速同比下降6.75个百分点。

PPP整顿冲击相关题材企业融资。近期PPP清理风暴在规范项目运作和遏制政府债务方面成效凸显，但也挫伤资本市场信心。涉PPP企业融资环境备受影响：一是PPP企业估值急剧缩水。从行业均值看，2018年7月，67家PPP题材上市公司平均市盈率为29.97倍，而2017年同期这一数据为80.37倍。从龙头企业看，2018年7月，千亿级营收企业中国铁建、绿地控股和市盈率为7.36倍、7.14倍和7.68倍，同比分别下降4.61倍、7.95倍和5.17倍。二是PPP企业债券发行遇冷。2018年5月，东方园林推出10亿元公司债券发行计划，但市场仅认购5%。东方园林财务基本面较好，2017年归属母公司净利润为21.8亿元，中标PPP订单更是高达715.7亿元。市场普遍认为，当前信用债违约频发叠加PPP清理整顿是东方园林债券发行惨败主因。

（二）基建投资增速回落但潜在动力依旧

基建投资进入低速增长阶段。随着经济转型深入，基建投资作用逐渐淡化。从总体成效看，投资增速大幅下跌。2018年7月，基建投资（不含电力）累计完成额增速为5.70%，同比下降15.20个百分点。从重点领域看，铁路和公路投资下降显著。2018年7月，全国铁路和公路固定资产投资增速为-8.70%和10.50%，分别同比下降12个和13.50个百分点。从政府计划看，投资冲动有所降温。2018年贵州省公路和水路建设计划投资1650亿元，同比增长3%；山东省交通建设计划投资944亿元，同比增长4.10%。据相关媒体披露，不少省份交通基础设施建设投资均告别过去的两位数增长。

多因素制约基建投资高增长。一是公共预算支出缩减。2018年全国目标财政赤字为2.38万亿元，对应目标赤字率为2.60%，同比下降了0.40个百分点。二是PPP项目门槛抬高。从监管政策看，《关于规范政府和社会资本合作（PPP）综合信息平台项目库管理的通知》（财办金〔2017〕92号）规范PPP项目库管理，防范PPP异化为融资平台；《关于加强中央企业PPP业务风险管控的通知》（国资发财管〔2017〕192号）规范中央企业参与PPP，防控PPP项目经营风险。从整顿力度看，此次被退库或要求整改PPP项目3700个，占管理库项目总数51%；清减或整改涉及资金4.90万亿元，占入库项目投资总额36%。三是债务风险防控加码。2017年4月，财政部问责地方政府违法违规变相举债拉开序幕。从地方政府融资角度，相继出台《关于进一步规范地方政府举债融资行为的通知》（财预〔2017〕50号）、《财政部关于坚决制止地方以政府购买服务名义违法违规融资的通知》（财预〔2017〕87号）和《关于做好2018年地方政府债务管理工作的通知》（财预〔2018〕34号）；从企业债发行角度，出台《关于进一步增强企业债券服务实体经济能力严格防范地方债务风险的通知》（发改办财金〔2018〕194号）；从资金融出方角度，出台《关于规范金融企业对地方政府和国有企业投融资行为有关问题的通知》（财金〔2018〕23号）。

基建投资潜在动力依然较强。一是中央转移支付力度加大。2018年一般性转移支付预算为3.90万亿元，比上年执行额增加10.90%。其中基建投资支出预算为4346亿元，比2017年执行额增加10.20%。二是地方政府专项债空间较大。从发行额度看，2018年中央安排地方专项债资金额度为1.35万亿元，同比增加68.70%。另外，2017年全国地方专项债券使用额度高达2.30万亿元，仍可继续发行。从市场情绪看，2018年8月出台《关于做好地方政府专项债券发行工作的意见》（财库〔2018〕72号），市场风向由"催还债"迅速转变为"催发债"。三是PPP专项债获批提振市场信心。2018年6月以来，国家发改委相继批复江苏美尚生态景观公司5亿元和广州珠江实业集团10.2亿元PPP专项债券，提振了前期两家知名PPP企业债券违约重挫的市场信心。四是PPP退库效应逐渐消化。从《关于规范政府和社会资本合作（PPP）综合信息平台项目库管理的通知》（财办金〔2017〕92号）发布日至2018年3月，退库PPP项目总投资6113亿元，但入库项目总投资1.88万亿元。此外，PPP项目落地率提高和落地周期加快，也会加快拉动基建投资。五是区域性战略加速推进。仅以海南自由贸易港建设为例，2018年6月，海南省发布年度投资计划624亿元，涉及重点项目70个。地方政府一系列重点项目计划将适度对冲基建投资放缓态势。

（三）新动能支撑制造业投资但复苏艰难

高技术部门投资维持高增长态势。将专用设备制造、通用设备制造、仪器仪表制造、医药制造、运输设备制造、通信电子设备制造和电气机械设备制造7个制造行业界定为高技术部门，其他行业划为传统部门。从投资结构看，高技术部门投资占比略有攀升。2018年7月，高技术部门固定资产投资占全部制造业比例33.31%，同比上升0.47个百分点。从投资增速看，高技术部门投资维持中高速态势。2018年7月，高技术部门固定资产投资累计完成额3.73万亿元，同比增加8.84%，同比增速较传统部门高出2.29个百分点。

技术改造支撑制造业投资增长。一是技术改造型投资稳步增长。环保高压强制要求企业技术改进，叠加企业主动转型升级诉求，共同维持制造业投资平稳增长。2018年7月，全国改建型固定资产投资累计完成额5.19万亿元，同比增加9.90%，同比增速与2017年持平；占全部制造业固定资产投资比例为18.57%，同比上升0.93个百分点。二是产能扩张型投资仍未恢复。当前过剩性产能出清进程接近尾声，但企业投资扩张意愿并不强烈。2018年7月，新建固定资产投资累计完成额19.16万亿元，同比增加3.80%，同比增速下降了7.10个百分点；占全部制造业固定资产投资比例为68.57%，同比下降0.38个百分点。

多因素制约制造业投资复苏。一是原材料涨价挤压下游企业利润。随着供给侧改革不断深入，制造业上游企业利润改善明显，但原材料涨价向产成品价格传导并不通畅，中下游企业盈利受到冲击。以上市公司为例，2018年上半年财报显示，煤炭、有色和石油上游行业平均加权净资产收益率为8.90%、4.55%和1.43%，分别同比上升3.47个、0.29个和1.13个百分点；而汽车和纺织服装下游行业平均加权净资产收益率为4.44%和4.18%，分别同比下降0.80个和0.21个百分点。以出口企业为例，2018年4月，原材料成本明显上升企业比例高达56.2%，同比上升1.90个百分点。二是民间投资信心恢复但根基不牢。2018年4月，制造业民间投资累计完成额增速为5.95%，高出整体增速1.15个百分点，扭转了2016年3月以来持续15个月低于整体投资增速的局面。民间投资信心脆弱主因是：一方面，制造业整体盈利并未明显改善。2018年上半年财报显示，制造业上市公司平均加权净资产收益率4.32%，同比反而下降了0.11个百分点，对民间投资吸引力有限。另一方面，阶段性治理增加不确定性。近期PPP整顿涉及资金4.90万亿元，涉及民营企业既有苏交科、铁汉生态等上市公司，也有龙元建设等非上市企业。一些依靠项目融资运转的民营企业，受到PPP收紧影响，资金链断裂风险陡然上升。

（四）土地购置推升房地产投资但疲态尽显

土地购置费推动房地产投资增长。一是房地产开发投资再创新高。2018年7月，房地产开发投资完成额累计6.59万亿元，同比增加10.20%，同比增速上升2.30个百分点。二是土地购置费推动房地产投资攀升。2018年7月，土地购置费完成额累计1.94万亿元，同比增加72.30%，同比增速上升56.20个百分点；占房地产开发投资总额比例为29.37%，同比上升10.58个百分点。三是建安工程对房地产投资贡献减弱。2018年7月，房地产建筑工程和安装工程投资完成额累计3.73万亿元和5016.24亿元，分别同比减少3.50%和8.00%，同比增速分别下降9.60个和14.50个百分点；占房地产开发投资比例为56.55%和7.61%，分别同比下降8.08个和1.51个百分点。

房地产投资拉动经济增长日渐乏力。一是纳入GDP核算的房地产投资出现负增长。2018年7月，扣除土地购置费后房地产投资累计完成额4.65万亿元，同比减少4.11%，同比增速下降10.34个百分点。二是房地产投资带动效应减弱。从价格效应看，2016年以来，房地产投资中建安工程完成额增速与上游工业品价格指数走势相关性明显减弱。从数量效应看，2017年以来，房地产建安工程投资完成额增速逐渐下滑；2018年3月进入负增长阶段，对工业品需求拉动开始缩减。三是房地产投资挤出效应显著。从对非房地产投资的挤出效应看，2018年7月，扣除房地产投资后固定资产投资完成额28.99万亿元，同比增加4.42%，同比增速下降3.89个百分点，而同期房地产投资完成额同比增速却上升了2.30个百分点。从对家庭消费类需求的挤出效应看，以汽车消费为例，2018年7月，全国乘用车销量增速为-5.90%，同比增速下降12个百分点。

房地产投资增长支撑动力近乎枯竭。一是房地产企业难以承受土地购置费过快增长。2018年7月，房地产企业土地购置费累计完成额1.94万亿元，同比增加72.30%；而土地购置面积累计1.38亿平方米，同比仅增加11.30%。二是房地产企业债务风险不断上升。从微观杠杆率看，2018年上半年财报显示，房地产上市公司平均负债率为63.94%，同比上升了2.30个百分点。其中超过31%的房地产企业负债率超过80%。从债券到期规模看，2019—2020年房地产企业到期债券余额分别高达3599亿元和5127亿元。三是家庭部门高杠杆风险逐渐显现。从GDP统计口径看，中国居民负债规模约46.65万亿元，占GDP比例为55%，加速接近全球公认债务抑制经济增长的杠杆红线。其中，居民债务中房贷比例超过50%。从可支配收入口径看,2013—2017年中国家庭部门杠杆率从83.82%提高到114.85%,而同期美国家庭部门杠杆率则从107.72%下降到103.81%。四是银行对居民购房信贷支持意愿减弱。2018年第二季度,居民新增金融机构人民币中长期贷款累计3.60万亿元,同比净减少1700亿元。诸多因素导致房地产投资高速增长不可持续。

(五) 双措并举抑制投资增速过快下滑

积极缓解实体融资紧张。一是完善资管新规实施细则。明确公募产品投资非标业务的期限匹配、限额管理和信息披露等监管要求。严控监管套利、违法违规的通道业务,支持符合监管要求、资金投向实体经济的通道业务。二是加快地方政府债券发行。落实《关于做好地方政府专项债券发行工作的意见》(财库〔2018〕72号),优化债券发行程序,简化债券信息披露流程,加快债券资金拨付。三是恢复资本市场PPP投资信心。提升入库PPP项目质量,公开项目信息接受社会监督。落实《政府和社会资本合作(PPP)项目专项债券发行指引》(发改办财金〔2017〕730号),创造条件支持PPP项目专项债发行。

加快培育高质量投资机会。一是加快基建投资补短板。适度加政府债务规模保障积极财政资金需求,加大基建投资弥补公共设施和公共服务不足领域，加快推进区域性战略投资项目。二是引导社会资本投资制造业。出台财税金融支持政策，加快培育制造业新动能。评估供给侧结构性改革微观进展并适时调整，缓解制造业投资障碍。放宽投资准入壁垒，营造条件强化民间投资信心。三是支持房地产健康发展。加快探索房地产税，扭转地方政府卖地生财依赖症。查处囤积闲置土地，督促地产企业开工补库存。创新房地产企业拿地模式，推动城市转型发展。

第三章　中西部地区的投融资困境与对策

当前，受国际环境发生深刻变化，国内改革进入攻坚期，结构调整阵痛释放等因素影响，中国经济运行稳中有变、变中有忧，经济面临下行压力。目前，中国经济成功地由原来的高速挡切换到现阶段的中高速挡，增长速度向这个阶段的潜在增长率收敛。当前宏观经济政策的主基调应该是稳增长（即防止经济过快降速），而保持投资的适度增长是实现这一目标的关键，其主要抓手则是继续大力推进基础设施项目的建设。中西部地区城市化建设正处于加速化发展阶段，其基础设施投融资是未来发展的重要保障。因此，笔者在2015年8月至2018年11月在四川、贵州、云南和河南等中西部省份的十几个城市进行了较深入调研，对地方投融资面临的挑战进行了分析，并就中期去杠杆条件下促进地方投融资矛盾的可持续解决提出了对策建议。

一 当前中西部地区投融资面临的挑战

本次调研发现，中西部地区基础设施投融资普遍面临如下几个亟待解决问题的挑战。

（一）政府财政收支倒挂加剧，基础设施投资资金缺口大，隐性债务增加较快

调研的大部分地区财政总收入增长缓慢，显著低于财政支出增长，对财政转移支付依赖程度高。近几年，西部地区传统的资源加工型企业在产业转型升级中受到产业政策与市场不景气的双重约束而发展不利，新兴产业的增量难以弥补存量的减少，财政收入增长压力日益明显。财政支出中刨除机构运转部分和医疗卫生、社会保障、危房改造、环境保护等重大民生福利支出，余下可用于发展的资本性支出财力非常有限，目前基本情况就是"保机构运转"的财政，且财政缺口日益增大。同时，近年来中西部地区由政府投资驱动发展特征明显，保持有效投资的持续增长已经成为区域经济稳定增长的关键。由于这些地区预算内资金供给潜力较小，2015年出台的《中华人民共和国预算法》（以下简称《预算法》）第35条刚性约束了地方政府举债（"只能以发行债券的方式在经批准的债务

限额内融资"),基础设施投资面临较大的资金缺口。调研大部分地区地方政府债务风险总体可控,但存在隐性债务规模较大现象。河南省部分地区隐性债务在总体政府性债务占比超过50%,主要集中于政府购买服务、向政策性金融机构通过贷款、成立专项建设基金以及PPP项目等中长期支出事项债务。隐性债务的逐年增长与"土地财政"背景下地方政府通过土地资源为核心的融资平台进行融资直接相关。大规模的隐性债务给这些地区"保运转"和"保民生"的财政带来较大中长期支付压力,同时考验着地方治理能力和国企治理水平。

以贵州省某市(州)为例,2014年,当地市(州)级财政总收入143.60亿元,公共财政收入94.40亿元,财政支出为230亿元。财政收入结构以资源为主,由最初"煤、金、电"为主要收入来源变为目前的"房、煤、电"为主的结构。其中,建筑与房地产建材财政贡献度占比24.35%,煤炭占比为11%(最高曾占比28%),电力贡献度占比为6%,黄金的贡献度仅为0.30%(最高曾占比3%)。支出结构来看,在230亿元财政支出中,用于机构运转部分为160亿元,80亿—90亿元用于医疗卫生、社会保障、危房改造、环境保护等重大民生配套投入,余下可用于发展的财力非常有限,目前基本情况就是"保机构运转"的财政。因此，现阶段政府需要完善基础设施，产业升级，把经济建设搞上去，只有通过外部融资才能保障当地的可持续发展。

作为财政收入主要来源的支柱产业在经济下行时期面临严峻挑战，给该市（州）财政收入的增长带来较大压力。房地产行业方面，受经济基础薄弱、产业支撑不强、吸纳外来人口能力较弱、房地产政策等因素影响，房地产市场低迷，地区中心城区房价2000元/平方米左右［低于该省其他市（州）］，同质化严重，空置率高，居民购房意愿不高；房地产企业融资非常困难，经营风险加大，部分项目存在崩盘危险；房地产市场风险防范和产业转型升级是产业发展关键。煤炭产业方面，产业链条短，对外依存度高，近80%的煤的销售依赖广西和云南的电力企业，目前煤炭价格下跌对于当地经济的负面影响巨大。电力产业方面，几个位于州内的国家级大型水电站受到国家电力产能饱和结构调整的影响，开工率不足，如地区电厂，1/2机组已停止工作。整体来看，传统支柱产业处于调整期、低迷不景气，而新兴产业在有限的财政支出支持下不足以发展起来，造成财政收入压力大，财政收入的结构亟待多元化。

地方政府债务风险总体可控，但面临较大债务管理压力。2014年政府性债务499亿元（不包含有收入的债务），占其所在省政府性债务的4%左右，其中300多亿元一类债务，还本付息债务占15%。目前地方政府债务风险在总体上可控，但未来需要通过加大出售土地获取预算外收入进行支撑，而房地产业和实业的疲弱使得土地需求受到抑制，土地出让金收入不断减少。新修订的《预算法》和关于地方政府性债务管理改革的具体政策使得地方政府原来的债务融资模式失效，导致原来主要依靠地方政府推动建设的大量公共性项目缺乏融资来源。根据《预算法》第35条，地方政府及其所属部门只能在经批准的债务限额内，以发行债券的方式融资，且不得以任何方式举借债务，并且不得为任何单位和个人的债务以任何方式提供担保。地方政府的举债行为因此受到了刚性约束，很难继续为基础设施项目增加融资。作为中国西南部"双欠"地区，当地政府面临较大债务管理压力。第一，欠发达地区发行政府债券在数额、政府信用、抗风险能力以及发行程序上均无法与发达地区相比，对其债券认购的积极性也会较低，地方政府发债没有自主性。尤其是市及县级政府发债受到诸多限制，西部地区的县市新的发债融资一般仅能用于偿还旧债，根本无法满足地方建设的融资需求。第二，无论是一般债务实行余额管理，还是专项债务实行年度举借额管理，由于是以债务率、偿债率等指标为依据确定发债限额，因此，处于政府投资驱动为主的欠发达地区从政策执行之初就处于不利的地位。第三，欠发达地方政府的财力首先保障工资、运转和各项民生开支，剩余财力投入到发展建设上，因此保障重点和财力平衡的刚性要求使欠发达地区在将债务纳入预算管理上压力更大。第四，国务院发布《关于加强地方政府性债务管理的意见》（国发〔2014〕43号）后，融资环境逐渐趋紧，地方政府融资平带等融资渠道受阻，商业银行也为确保资金安全而"惜贷"。金融支持的难度越来越大，金融机构对政府融资的风险控制和管理的要求变得很高，融资成本在短时间内快速推高。值得关注的是，为使债务挤入合法的存量债务，当地存在抢注存量债务现象。各种形式的债务从隐匿走向公开，进入地方政府债务系统，致使存量债务在短时期内快速膨胀。

（二）地方"粗放型"扩大平台公司资产规模，但"肥胖"状态的资产并未提高投融资能力

在所调研地区平台公司的市场化转型过程中，一个普遍存在的现象是平台公司市场化实体化转型慢，资产规模"粗放型"扩张，但其中能产生经营性现金流的有效资产比例不高，投融资能力与效益低。城投公司收益率无法覆盖融资成本是普遍现象，2017年全

国城投公司平均 ROA（资产收益率）仅为 1.90%，而同期一般贷款加权利率和 5 年期 AAA 城投债收益率分别为 5.80% 和 4.80%。资产"粗放"扩张首先表现在资产缺乏有机整合与落实。部分地区将原有的各个行业国有投资公司资产"捆绑"在一起组成集团公司，但在资产缺乏有效整合与落实到位的情况下，导致各公司在客观互相牵制与主观强调"资产短板"的矛盾中陷入互相推诿的怪圈而难以推进相关投融资工作。资产规模"粗放型"扩张还体现在"融资任务千条线，地方平台一根针"的现象上，最终导致企业净资产萎缩而发债融资额相当有限。例如，一家退"平"公司虽然在举全城之力的资产扩张中勉强获得 AA + 的信用评级，但由于该公司是地方棚改项目的贷款承接主体，随着国开行等机构贷款的到位，其资产负债率往往会相对棚改项目的启动前发生飙升，其信用评级的维持发生困难，最终导致投融资失去可持续性。

随着近年来地方政府债务问题加剧，将融资平台公司政府融资功能剥离，进行市场化、实体化转型是新的政策要求与发展趋势。以四川省某市为例，该市各融资平台公司转型中普遍存在以下问题和障碍：一是为了使该市融资平台公司正常运转和发挥融资功能，地方政府向融资平台公司注入特殊办理的土地、公益资产、特许经营权等资产，如城市道路、公园、桥梁等，以满足其项目建设评估需要，但经营性、可抵押资产少。就该市（州）情况而言，截至 2014 年年底，市属国有企业（大部分为融资平台公司）资产总额虽高达 412.93 亿元，但总资产周转率仅为 0.02，净资产收益率仅为 0.15%，营业利润率为 -6.76%，成本费用利润率 4.79%。以城市建设投资有限公司为例，公司现有的 76.64 亿元资产中，唯一有收益可作抵押物的有效资产只有在某燃气公司的 10% 股权（账面价值为 188.9 万元），占总资产 0.03%，占净资产的 0.06%。其余都是不能变现、不能实现经营收益也不能作为融资抵押物的无效资产。其他几家融资平台公司也面临资产流动性低的问题。二是融资平台公司治理不规范。市级六大投融资平台企业，多沿用管委会代替董事会行使大部分职权，又不履行企业决策层的职责。部分市级国有企业出于融资需求，虽然建立了董事会、监事会，但企业董事会、监事会与经理层高度重叠，未形成科学的决策机制和有效的监督机制。公司的管理层选拔机制和薪酬机制也亟待市场化改革。三是政府融资平台信贷政策收紧，融资项目资本金不足。平台公司向产业实体化转型进程中，缺少了地方政府直接的信用增级和上级政府的隐性背书，政府划拨给平台公司的一些资产很难符合银行信贷评审条件，有的资产没有收益，有的根本无法处置，实际有效净资产严重不足，公司财务管理欠缺规范等，这些多种因素使平台公司的信用结构大大弱化，比较难以达到发行债券融资或者继续从银行获得更多信贷资金的条件，其为地方经济社会发展融入增量资金的功能明显减弱。近年来由于政策调整，融资平台公司从银行金融机构新增信贷融资面临困难。根据银行融资要求，融资项目资本金至少不低于项目总投资的20%，融资平台公司经营活动产生的经营收益非常少，项目资本金基本只能靠财政拨付，而市财政资金较困难，造成项目资本金也难以落实，企业的再投资能力不强。

除此以外，由于一些市一级无资源禀赋权限（县级具有）、无法充分高效调动当地资源以充分支持平台公司的转型，财务压力非常大。而且，各平台公司在信息把握、政策解读、操作创新等方面出现"后知后觉"，对各类金融产品的了解和使用还较为肤浅，融资渠道较为单一，没有完成产业结构与融资结构的精准匹配，未将各自既有的优质资产转化为现实资本的融资潜能有效释放。此外，欠发达地区经济总量低、质量差的先天缺陷，决定了在当前适宜特许经营权公私合营项目不多的现状，导致出现民间资本投入积极性不高、期限长、成本高、合作方式不成熟等诸多问题。

(三) 地方金融生态加剧弱化

所调研的地区金融生态弱化现象普遍存在，金融对实体经济支持力度不够。这些地区存在全国性股份制商业银行分支机构少、本地法人金融机构数量少（实力弱）、融资渠道窄的约束，直接融资比例明显偏低，信贷融资规模偏低。非银行金融机构，如信托、租赁、典当、保理等业态也较为缺乏。小额贷款公司、融资担保机构的实力偏弱，运营能力难以为继。担保机构往往因代偿风险加剧，流动性约束，或者银行业金融机构中止业务合作等原因而难以继续扩大业务规模，甚至处于停业状态。大量中小微企业获得信贷融资非常困难，而且融资成本较高。部分地区逃废债等违规现象时有发生，贷款不良率上升明显，导致金融生态恶化，地方投融资陷入恶性循环。

以上文所提到的贵州某市（州）为例，当地的金融生态存在结构失衡和恶化的趋势，金融结构以银行的间接融资为主，而银行信贷供给与当地产业结构和企业资金需求存在明显不匹配情况。在房地产市场低迷和地方政府债务高企的情况下，银行在不良贷款和不良率双升的情况下，调整了与地方政府一直以来的"默契"关系，开始加强其垂直管理，愈发谨慎和惜贷。同时，由于小额贷款公司、融资担保公司等风险爆发，银行对防范此类业务风险的高度重视，基本停止了相关的业务合作，"大河缺水小河干"，这造成小贷公司冒险进行灰色的民间集资，进一步提高了融资成本，加剧了地方金融的周期性波动风险。一般小额贷款公司发放贷款的年利率约为24%，被迫展期必然会给借款人造成沉重的财务负担，甚至可能变成压垮借款企业的"最后一根稻草"，进而引起地方金融生态的恶化。除此以外，银行也不愿意给小额贷款公司的股东（包括企业）提供贷款，还限制小额贷款公司的客户从银行贷款，如果银行在征信系统查询到借款人已获得过小额贷款公司的放贷，就不愿意再给这类客户提供贷款。这种情况造成小额贷款公司不能把自己的贷款客户录入征信系统，即使出现贷款逾期也不能给客户上"黑名单"，地区信息不对称矛盾加剧。最后，逾期频发主要由于地方房地产市场已严重过剩（尤其是中低端房产），占地方产业比重较大的煤炭行业也不景气，有些工程垫资（包括政府性项目，这种情况可能比较普遍）不能按期支付等多种因素造成了连锁性反应，使得地方经济中的流动性周转越来越难，有的已经出现了用存货相互抵债的"物物交换"情形，从而加剧了地方流动性危机。

民间金融流动性几近枯竭。截至2015年4月底，当地经审批注册的小额贷款公司49家，注册资本金

14.3亿元，资产总额14.6亿元，贷款余额13.1亿元，较2015年年初减少近4500万元，逾期违约贷款2338万元。笔者对当地若干家小额贷款公司、融资担保公司等情况做了初步调查，所走访公司的高管普遍认为，2015年下半年的经济前景很不乐观，经济继续下行的可能性很大，在这种宏观背景压力下，民营小微金融风险问题将会进一步暴露。据调查，当地一家经营6年多的小额贷款公司的逾期贷款占比在半年多时间里快速增加了20%多；当地规模最大（注册资金2亿元）、内部按照商业银行资产五级分类的标准规范管理的小额贷款公司，不良率在半年内也增加至5.6%。据当地业内人士估计，如果目前下行态势得不到有效缓解，到2015年年底，本地的小额贷款公司中可能会有大约30%破产，大约40%的公司会停止新增业务，只有少量负责收贷的人员留守，剩余大约30%的公司可以勉强存活下来。

目前，当地小贷行业面临如下问题。第一，有限的资金来源加大小贷公司贷款周期性特征。2014年贵州省小贷公司实收资本共计86.70亿元，不足江苏等东部发达省份的1/10，在西部地区也低于新疆维吾尔自治区（161.82亿元）。同时，经济下行压力大，银行也收紧了对小贷公司的贷款，这导致小贷公司在需求旺盛时短时间贷出的资金难以回笼。第二，与客户之间的信息不对称问题严重。小贷公司无法像商业银行等金融机构一样通过人民银行的征信系统准确获知客户信用状况，导致风险控制难度加大。第三，贷款业务集中度较高，不符合"小额、分散"的原则，信贷风险较大，超限额发放贷款，存在单笔（单户）贷款超过公司注册资本金的15%的现象。一些传统过剩行业系统性风险突出，少数小贷公司煤炭和房地产行业贷款占其注册资本比例较大，一些贷款已经违约并多次展期，存在较大隐性风险。第四，存在股东借款，向关联方提供担保等违规现象，个别公司未按规定设立损失准备金专户，未按规定比例计提贷款损失准备金，拨备覆盖率低，潜在风险不容忽视。第五，贷款期限错配、随意展期现象严重。短贷长用较为普遍，小贷公司贷款期限一般以短期（3—6个月）为主，而融资主体为获得贷款被动接受短期贷款，导致与其生产经营周期不符或明显低于生产经营周期，小额贷款客户的先天弱质性和信用度较低且过度负债经营，造成小贷公司贷款陷入被绑架的被动局面，导致普遍存在贷款展期，且一展再展，甚至存在口头展期现象，掩盖了真实的信贷资产质量，容易带来系统性风险。第六，内部经营管理粗放，员工素质低，从业人员中大部分未从事过金融工作，也未经过专业培训，风险意识较差，规章制度不完善，制度形同虚设，有章不循违规操作时有发生。此外，中国针对小贷公司的先天性政策限制而导致的法律定性盲点导致外部监管失位，在当地的表现也较明显。2008年5月4日发布的《小额贷款公司试点指导意见》规定小额贷款公司系非金融机构的"法人主体"，其成立也依据《中华人民共和国公司法》（以下简称《公司法》）而非相关金融法规，其发起方为股份有限公司和有限责任公司，但《公司法》和金融法律未覆盖小贷公司业务，这导致负责批准设立小额贷款公司的地方政府金融工作部门在权限设置、人员素质与配备都无法及时、有效持续跟踪和掌握小额贷款公司的实际经营情况，出现问题后的惩罚处理上无法有效发挥专业的监管职能。

（四）财政资金使用效率低，对社会资本撬动作用不足

一是财政投入机制创新不足。目前某市财政支持企业以补贴和奖励等形式为主，未能更加充分发挥财政资金对于社会资本的杠杆和引导作用，即产业基金、创投基金、PPP基金等专业化规模化利用社会资本的机制和机构没有成立，也缺乏财政支持的金融风险防范基金制度化机制。二是财政资金有机整合不够。如该市涉农资金在各部门和各层级间存在重复设置、分散使用和多头管理等问题，导致资金使用缺乏效率和

效益，不能集中高效解决制约三农发展的关键问题。在归类、协调部门、制定规则而有机整合资金后，通过集中支持某类农业任务和建设，可以发挥更大作用，也会减少部门扯皮和寻租情况。三是财政与金融互动机制效率不高。目前，财政资金还没有在金融机构关注的风险共担机制方面发挥重要作用。财政对于金融机构的奖励，对于调动金融机构服务于实体经济的积极性是否有效尚待观察。此外，在银行等金融机构非常关注的PPP基金等方面，财政资金还没有发挥引导和放大作用。如何调动金融机构增大对实体经济金融供给是两者合作机制的核心问题。四是财政资金监管尚未强化绩效管理理念，对规模较大、关注度较高的资金没有进行重点绩效评价，评价结果与项目资格和资金安排没有直接挂钩。业务主管部门和资金使用单位责任亦需强化。

（五）PPP融资模式在实施过程中存在项目认定、制度缺位、收益结构不合理等障碍，导致项目质量与规模发展不及预期

在推进地方政府债务管理改革的同时，从中央到地方都在加快推广PPP模式，鼓励和引导社会资本通过特许经营等多种方式，参与有一定收益的公益性事业投资和运营。但这种模式在实施过程中存在项目认定、制度缺位、收益结构不合理等障碍，导致项目鱼龙混杂、签约不及预期。一是政策口径上不一致，缺乏成熟的操作规范，地方上对 PPP 模式理解不透，推进不顺。财政部与国家发改委两部门对 PPP 的认定范围不同，财政部出于防范与化解地方政府债务风险的考虑而对牵涉需要财政补贴的 PPP 项目认定从严把握，而发改委则出于拓宽地方项目建设融资渠道的考虑而对 PPP 项目界定较宽松。由此带来操作层面的问题较多，例如怎样计算项目的财政补贴问题，如何确定更为合理的期限、收费标准等。二是有些基础设施特许经营权并不属于地方政府权限，市（州）县级政府没有定价权，跨区域的生态补偿机制不能落实，付费主体与定价存在较大不确定性，导致以 PPP 项目操作上难度大。例如，有些公益性的水库项目，如果允许把政府购买服务这块计算进去，才有可能达到项目收益要求，否则就很难推动。三是固定收益的公益性事业项目很难达到作为股权投资的社会资本的预期收益要求。对 PPP 项目收益一般规定了上限水平（如不能超过8%），导致作为股权性社会资本的收益与其承担的剩余风险的不匹配问题，导致社会资本的参与积极性不高。四是制度配套方面存在缺陷，保障力度不够，社会诚信度不高，有的地方政府偿债都很难保证，工程款拖欠比较严重；并且，对地方事务具有决定性影响的政治生态方面的人事调整变化，都大大增加了这类项目投资的不确定性。目前看，除了中央企业与地方政府合作的少数较大项目外，一般社会资本对此缺乏稳定的预期，没有行动积极性，犹豫观望的多，真正落实的少。

PPP入库项目结构失衡导致整体规模不高。PPP项目投资资金方面的矛盾主要体现在PPP项目规模的限制、入库项目结构欠优和社会资本参与积极性不足上。一方面，PPP规模红线使得一些重点项目入库率低。由于PPP项目受到"当年财政一般公共支出10%"的规模红线限制，一些地区"容易入库"的项目（如环保类、教育类）已占用了PPP规模额度的一半以上，而未来资源环境、城市地下管网、生态建设、产业园区等基础设施工程资金很可能因逼近或者超出此极限而难以入库或继续。同时，PPP入库项目质量和结构不优也限制了项目规模。调研地区普遍存在入库项目的回报机制以政府付费项目和可行性缺口补助为主，使用者付费项目的比例非常低。此外，部分地市PPP项目的成规模发展起步较晚，对使用者付费项目的培育与储备不足，大规模的社会资本缺乏参与和可持续跟进投资的动机与动力。

（六）专项债等债券融资举债空间有限

根据新的预算法律制度（《预算法》第35条），

地方政府及其所属部门只能在经批准的债务限额内。地方政府以发行债券的方式融资的举债行为因此受到刚性约束，很难继续为基础设施项目增加大量融资。专项债、项目收益债虽然在从国家层面不进入赤字和债务率，但市发债额都要在省级财政批准和分配的总体的债务限额之内。调研发现，中西部地区存在政策解读的滞后性。部分地区虽然在以往政府债务管理方面相对规范，避免了公共债务"脱缰"失控，但也错失了在政策上限制较少窗口期及时合理扩大类似PPP项目等融资规模的机会。目前的债务大部分已经置换了政府债券，但是举债空间仍相当有限。值得注意的是，中西部地区发行政府债券在数额、政府信用、抗风险能力以及发行程序上均无法与发达地区相比，市场对其债券认购的积极性也会较低，地方政府发债缺乏自主性。

二 影响地方投融资的因素分析

（一）西部地区产业结构欠优

一是经济新常态下，产业结构区域分化特征更加明显，西部地区产业的粗放化和单一化特征明显。与东部地区不同，西部地区优势产业以资源密集型工业为主，呈现出低端化、高投入、高消耗等特征；西部资本密集型行业的竞争优势主要集中在中低技术的矿产资源深加工行业。同时，除重庆成都等区域核心城市外，战略新兴产业处于起步阶段，没有产生产业集聚规模和辐射效应。环境成本的上升和能源结构的调整也对东部和中部相关产业的梯度转移构成障碍和挑战。二是产业低端、单一导致区域经济金融风险骤增，人口的区域集聚效应差，西部房地产面临更大的去库存压力，鄂尔多斯"空城化"就是一例。三是经济好转不能依赖投资力度的加大和房地产投资的反弹，央行宽松货币政策效率正在递减。一段时间以来，宽松的货币政策导致各地房地产库存的膨胀以及价格的暴涨，西部地区也在此过程中通过国有银行体系将信用短时间扩张至房地产以及其具有资产优势的传统产业，从而加剧了产能过剩、房地产库存高的矛盾，自发性、主动性投资持续低迷。

（二）西部地区金融生态脆弱

一是西部欠发达地区金融抑制特征明显，往往面临本地法人金融机构数量少和渠道窄的约束，融资难融资贵的问题比较突出。二是金融结构不合理。由于地方企业一般资质不够高，地方又缺少提供专业服务的证券类机构，进入资本市场比较困难，导致直接融资比例明显偏低，融资成本高企。三是对银行依赖性加剧地方金融风险。欠发达地区企业习惯性依赖传统的银行业机构进行信贷融资,但在当前宏观经济风险持续释放的压力下,银行业金融机构收紧信贷,尤其是辖区外银行抽贷、压贷较多。

(三) 欠发达地区政府难以独撑投资驱动快速发展

一是欠发达地区政府财政发挥"保运转"和"保民生"作用尚且捉襟见肘,在主导地方投资驱动发展方面明显力不从心。二是财政与金融互动机制尚未有效建立,资金杠杆作用未充分发挥。三是政府内嵌"融资"功能,难以减负。政府传统的资产注入包装方式造成融资平台公司的财务报表中净资产量非常大,但能抵押变现、产生现金流的有效资产普遍不足,成为融资平台公司市场化和实体化转型的最大障碍。四是平台公司政企不分。融资平台公司长期在政府体制框架内运作,是政府融资的重要平台和抓手,政企不分现象非常普遍,现代企业制度远未建立。五是存量债务较大,隐性债务增加较快。政府融资平台公司承担着基础设施建设的重任,多年的债务积累使得融资平台公司债务负担重,同时不断新增债务,造成其"借短还长""借新还旧"现象普遍,偿债风险较高。除此以外,在当前宏观经济下行,信用风险积聚的环境下,政府负有担保责任的债务和可能承担一定救助责任的债务可能引发债务代偿风险。

(四) 地方投融资机制不畅

第一，在资本运营方面没有统筹规划，资产收益能力不高，持续融资能力不足。目前，政府各部门在国有资产保值增值方面的意识还有待提高，国有资产存量尚未有效盘活，主要用于维持城市基础设施的简单运转，城建投资的收益率没有有效挖掘出来。由政府各职能部门各司其职，缺乏统一的国有资本管理与运营机构将国有资本运营方面进行统筹规划。第二，在产权明晰的情况下，现有投融资体制尚未放活经营权以激发市场活力。行政人员掌握基础设施的经营权，经营单位无法有效降低成本和追求资产的最大经济利益。市投资集团在域外投资方面受到限制而无法合理布局即是一例。第三，政府部门对于国资和企业投融资理念有待改变。由于政府掌握各种资源配置权，国资在企业中是否该拥有控制权对于国有资本的增值和引入社会资本尤显重要。同时，企业家担心控制权稀释而宁可维持现状也不选择利用资本市场融资的情况，以至于不同项目的构建、企业的重组、资产的交易不畅，最终导致国有资产和非国有资产无法真正实现"盘活存量"，难以实现良性循环。第四，投融资运作方式有待创新，市场化程度有待提高。政府对于对市一级投资公司等国有市场主体的投融资活动仍进行管理和调控，这使公司的投融资决策并不是基于对社会经济发展的需要，向"管资本"的转变有待切实落实。此外，融资过程中亟待更有效地运用市场经济手段，进行商业性、社会性融资。第五，各部门存在着职能交叉现象，易导致各部门趋利避害和多头管理，责、权、利难以界定，导致建设资金难以发挥整合资源的优势，以及项目审批和决策过程中的科学和高效。

（五）政府建设项目本身质量不高

项目方面也遭遇瓶颈性问题，是导致区域投资无法有效实施的关键原因。一方面，项目本身在资产选择和回报机制设计等方面存在缺陷，其筛选、培育、包装系列工作开展力度和标准也有待提高。政府相关部门对有关国家、省投融资方面新的政策及工作机制反应较慢、周期偏长，向相关项目向金融机构互动咨询的力度有待加强。另一方面，项目和投融资工作相关管理人才缺乏，专业化水平不高。最终优质产业项目资源较少，满足金融机构融资条件和产业基金投资的项目匮乏，部分融资资源闲置，形成"优质项目少—人才匮乏—融资不足"的恶性循环，难以找到突破口。

三 缓解中西部地区融资困境的举措

面对上述问题与挑战，中西部地方现有投融资机制的改革与创新迫切性不言而喻，未来工作主要在如下几个方面着力。

（一）促进银行业金融机构扩大信贷投放改善金融服务

一是结构转型升级，在供给侧结构性改革不断推进的背景下，加快推进重大投资项目规划建设，增强对全国性银行机构资金运用吸引力。二是对于银行业金融机构开展中小微企业与"三农"融资服务，可通过构建风险资金池、对接地方股权交易市场和融资担保体系等方式缓解银行风险压力。三是对银行机构经营中涉及的资产评估费、抵质押登记、过户、诉讼、执行费用可给予合理减免，对银行机构用地规划、配套设施建设等方面予以优先支持。四是强化银企沟通服务网络平台建设，实行金融例会制度，建立银行、企业、政府三方合作长效机制，改善银企之间信息交流靠性与准确性，克服信息不对称问题，降低交易成本。五是为金融机构人才及家属安置提供优惠政策，继续引进发展多种所有制和多层次市场经营定位的股份制商业银行和外资银行机构，鼓励域外各类银行机构来本地设立分支机构、开展委托业务和直接贷款业务。

（二）有效利用资本市场扩大直接融资规模

一是支持证券经营机构深度开发和提升本地企业直接融资能力。根据发展规划和产业调整政策，组织本地重点行业和重点企业了解资本市场，筛选一批规模大、效益好、有潜力、能带动经济发展的优势骨干企业建立上市后备库，在政策上给予重点辅导与培育。二是吸引外地经验丰富、实力强大证券机构到本地设立分支机构和开拓业务，加快多层次资本市场融资。三是积极拓宽企业直接融资渠道。推进符合条件企业发行公司债券、企业债券、中期票据、短期融资券等。积极利用国家产业金融政策，鼓励本地节能环保产业、特色农业产业等发行绿色企业债券融资，申请绿色企业债券相关联国家专项建设基金支持。四是设立政府引导基金，积极培育和规范民间直接融资渠道，规范发展地方性产权柜台交易市场，提供各种融资交易便利。五是积极探索发展资产证券化业务，充分利用金融市场提高地方存量金融资产流动性，扩大融资供给能力。六是加快聚集金融要素，推进产权交易市场建设，不断拓宽金融服务深度和广度。创建区域股权金融资产交易中心,构建基于互联网金融模式创新型交易服务平台,鼓励中小微企业挂牌交易。加强监管与风险控制,促进交易场所规范发展。

(三) 加快推进国有投融资主体市场化转型

一是地方政府通过深化国有企业改革,适当进行资产重组,向融资平台公司注入有收益性资产,改善其有效净资产和现金流严重不足的弱点。二是积极探索财政补贴性资金的有效使用途径,可以把部分财政性补贴资金通过特定股权方式投资到融资平台公司,并完善退出机制,以改善融资平台公司的信用结构。三是优化国有投融资主体的内部法人治理结构,增强投融资决策的市场化、专业化和规范化。四是融资平台公司要积极拓展融资渠道,除了以往的银行贷款,还应该积极寻求与保险等长期性资金合作,探索股权融资、中期票据等债券性的多种融资方式,保障融资持续性。

(四) 提高地方政府债务管理能力

一是建立地方政府资产负债表,提高公共债务预警与管理能力,硬化预算约束,压缩一般性支出,优化债务结构。二是客观把握地区投融资空间与潜力,科学合理确定基建项目,发挥地方人大对依法举债的监督作用，避免盲目立项、违法违规举债和投融资节奏失序。三是在摸清隐性债务规模基础上，通过多种形式进行有效化解。财政压力小的地区可通过安排当年预算资金、超收收入、盘活财政存量资金来直接偿还，财政资金紧张地区可通过出让政府股权以及经营性国有资产权益等处置资产方式进行偿还，或利用隐性债务对应的项目结转资金、经营收入偿还。一些具有稳定现金流的隐性债务可以合规转化为企业经营性债务。四是借鉴东部隐性债务化解试点城市经验，因地制宜地创新投融资机制。例如，镇江财政局下属的资产管理公司作为承接主体，从国开行获得化解地方隐性债务的专项贷款（利率在基准左右），再以普通借款方式投放到辖区各平台公司以置换纳入隐性债务的高成本非标债务，以降低债务成本的同时化解隐性债务。五是对部分政府性债务风险突出地区实施财政重整，防止财政恶化，降低政府综合债务率以保持中长期的投融资能力。财政重整的依据来自国务院办公厅2016年10月出台《地方政府性债务风险应急处置预案》的相关规定，即"市县政府年度一般债务付息支出超过当年一般公共预算支出10%的，或者专项债务付息超过当年政府性基金预算支出10%的，必须启动财政重整计划"。2018年四川省资阳市雁江区和安岳县因专项债务付息占比超过当年政府性基金预算支出的 10% 红线而启动了财政重整计划，两地计划采取一系列增收、节支和资产处置等措施以降低综合债务率，使债务规模与偿债能力相匹配。

（五）推动国企管理由管资产向管资本转变

打破行政机构壁垒，理顺投融资机制。理顺各行政机构在职能、人员、资金、资产等方面的交叉和多头管理问题，界定责、权、利，科学高效地进行项目审批和决策，形成国有资本投融资合力。通过国有资本管理公司统筹政府股权、国有企业产权、存量土地资源、标准厂房、交通、水利等基础设施收益权，以及水务、燃气、加油（气）站、健康养老等公共服务资产，车站、城市广告位经营权及文化旅游、交通运输等城市经营性国有资产。将这些国有资产进行科学估值，结合自身金融资产特征，单独或联合开发以基础设施项目建设、房地产等相关存量贷款类资产证券化产品。积极探索开发与其他增量固定收益类资产相连资产证券化业务。

（六）增加西部欠发达地区政府举债灵活性

在分配债券发行地区限额方面，应区别对待西部地区的债务风险、财力状况等因素，不宜采用"一刀切"的标准，以免在完全市场化条件下遭遇过多的不利。在债券发行种类方面，根据新《预算法》第39条规定，"中央预算和有关地方预算中应当安排必要的资金，用于扶助革命老区、民族地区、边疆地区、贫困地区发展经济社会建设事业"，发行西部欠发达地区基础设施建设特别债券，直接用于地方公共领域项目的资本金，或者用于地方政府依法发起设立的基础设施、公共服务发展基金。特别债券规模限额单列，由国务院报全国人大或其常委会批准，中央财政负责贴息。

（七）拓宽基础设施项目融资渠道

按基础设施项目分类与政策条件，采取不同融资形式进行投资建设。对供水供气、垃圾处理、污水处理等吸收社会资本参与公益性项目，政府按约定承担特许经营权给予、财政补贴、合理定价等责任，不承担偿债责任。清理不规范入库项目，优化PPP项目结构，提高使用者付费项目的比例。对难以吸引社会资本参与基础设施投资项目，根据政策要求申请国家专项建设基金与开发性、政策性银行融资。对需要举债公益性项目，由政府按规定发债融资。

（八）调动社会资本投资积极性

应该重点清理PPP项目实施过程中所遇到的各种障碍，妥善处理公共资源配置权、项目使用与管理控制权、现金流所有权、基础设施所有权的关系，对于可持续引入社会资本和国有资本的增值尤为重要。并在此基础上完善基础设施项目的构建、重组和交易机制，加大财税、价格、土地、金融等方面的支持力度，提高基础设施项目对社会资本的吸引力，真正实现国有资产和非国有资产的保值与增值的良性循环，确保地区公共设施和服务惠及民生。

参 考 文 献

徐枫：《供给侧结构性改革的微观进展评估》，《中国金融发展报告（2019）》，社会科学文献出版社2019年版。

徐枫、姚云：《金融去杠杆的缘起与进展》，《中国金融》2018年第7期。

徐枫、姚云：《强监管环境下的投资潮如何涌动》，《银行家》2018年第10期。

徐枫、姚云：《中国企业杠杆率的调整与优化》，《银行家》2018年第1期。

姚云：《西南地区经济与金融生态发展状况调查》，《银行家》2016年第12期。

姚云：《西部如何应对产业转移中的挑战：以贵州为例》，《银行家》2017年第5期。

姚云、董裕平：《经济新常态下西部地区投融资状况观察：以贵州省某市（州）为例》，《银行家》2015年第23期。

Fazzari, Steven M., R. Glenn Hubbard and Bruce C. Petersen, 1988, "Financing Constraints and Corporate Investment", *Brookings Papers on Economic Activity*, 1, 141 – 195.

Hall R. E. and D. W. Jorgenson, 1967, "Tax Policy and Investment Behavior", *American Economic Review*, 57, 391 – 414.

Myers S. C., Majluf N., 1984, "Corporate Financing and Investment Decisions when Firms have Investment Information that Investors do not have", *Journal of Financial Economics*, 13, 187 – 220.

Stiglitz J. E. and Weiss A., 1981, "Credit Rationing in Markets with Imperfect Information", *The American Economic Review*, 71, 393 – 410.

World Bank, 2017, Global Economic Prospects, January.

张跃文，经济学博士，现任中国社会科学院金融研究所公司金融研究室主任、研究员，兼任国家金融与发展实验室资本市场与公司金融研究中心主任，中国国际金融学会理事，北京乐知社会组织能力促进中心理事长。主要研究领域为中国资本市场改革、企业资本运作与地方金融问题。自从事研究工作以来，已主持和参与国家级、省部级课题和由各类金融机构及企业委托研究课题20余项，发表学术论文30余篇，时评性文章近百篇，出版专著5部。

徐枫，金融工程专业博士，中国社会科学院金融研究所副研究员，研究方向为公司投融资决策、金融风险等。在《Economic Modelling》《中国管理科学》《金融评论》等期刊发表论文40余篇，主持国家社会科学基金等项目4项。

姚云，经济学博士，中国社会科学院金融研究所助理研究员，研究方向为公司金融和经济增长理论，在《金融评论》《中国金融》《经济日报》等期刊和报纸累计发表文章近30篇。